华夏国学经典全本全注全译丛书

三十六计

赵清文◎译注

华夏出版社
HUAXIA PUBLISHING HOUSE

前　言

中国兵家文化源远流长，相传炎黄时期就有兵书问世。与传世的《孙子兵法》等著作相比，《三十六计》是一部晚出的兵书。虽然问世的时间比较短，却在很短的时间里迅速风靡海内外，如今，它已与《孙子兵法》一样，成为中国兵家文化的代名词。

之所以说《三十六计》是一部晚出的兵书，因为它在20世纪40年代才被人发现，60年代之后才引起人们的广泛关注。目前，人们所知《三十六计》的最早版本是1941年成都瑞琴楼发行、兴华印刷厂用土纸印制的一个小32开的翻印本。翻印本上附有简单的说明，介绍了此书的发现经过。说明中说，《三十六计》原书为手抄本，是1941年在陕西邠州（今彬县）的一个旧书摊上发现的。当时发现的手抄本前部"系养生之谈，而末尾数十篇，附抄三十六计，解释皆用兵法，然后知其果为兵法也"。

由于最初的版本上没有注明作者是谁，因此，关于《三十六计》何时成书、作者是谁等问题都成了悬案。根据已有的资料和研究成果推断，《三十六计》极有可能并非一人完成，而是在流传过程中不断补充和完善的结果。关于"三十六计"（或"三十六策"、"三十六着"）的说法由来已久，《南齐书·王敬则传》中，就有"时上疾已笃，敬则仓卒东起，朝廷震惧。东昏侯在东宫……谓敬则至，急装欲走。有告敬则者,敬则曰:'檀公三十六策,走是上计,汝父子唯应急走耳。'"《南史·王敬则传》中也有类似的记载。此外,宋代惠洪的《冷斋夜话》和元代戏剧家关汉卿的《窦娥冤》中,都有"三十六计,走为上计"或"常言说得好:'三十六计,走为上计'"之类的说法。可见,虽然"三十六计"最初并不一定就是实指36种计谋,但"三十六计"的提法早已有之,并且最迟到了元明时期就已经深入民间。随着"三十六计"的提法家喻户晓,人们用脍炙人口的成语将我国古代的军事计谋加以总结并与已有的提法对应成为可能,事实上,这在我国古代的民间文学或其他形式的民间作品的流传和演变中也是经常存在的一种现象。

最初的时候,《三十六计》可能并非一个版本,并且也不是一下子就定型的,在民间的流传中有着不同的"版本"。邓拓先生在《燕山夜话·"三十六计"》中论及"三十六计"的具体内容时,曾经说:"以前曾经有人讲解过三十六计的内容,与这本小册子稍有不同。这本小册子所说的三十六计是:瞒天过海、围魏救赵、借刀杀人、以逸待劳、趁火打劫、声东击西、无中生有、暗渡陈仓、隔岸观火、笑里藏刀、李代桃僵、顺手牵羊、打草惊蛇、借尸还魂、调虎离山、欲擒故纵、抛砖引玉、擒贼擒王、釜底抽薪、混水摸鱼、金蝉脱壳、关门捉贼、远交近攻、假途伐虢、偷梁换柱、指桑骂槐、假痴不癫、上屋抽梯、树上开花、反客为主、美人计、空城计、反间计、苦肉计、连环计、走为上。这里头没有增兵减灶、十面埋伏、虚张声势、诱敌深入、拖刀计、疑兵计等名目,而把打草惊蛇、无中生有、树上开花等都开列进去,似乎也不算妥当。"也就是说,《三十六计》在流传的过程中至少还有另外一个版本,这就是邓拓以前曾经听过别人讲解的"三十六计"。另外,《洪门志》的"三十六着"中,也有几个计名与今天我们看到的《三十六计》是不同的,这可能也是《三十六计》在民间流传的过程中存在的另外一个版本。

因此,《三十六计》在20世纪40年代被发现整理之前,可能已经经过了一个漫长的演变和完善的过程。在陕西邠州发现的版本可能是民间传本中经过加工整理的比较完善的一种,也可能仅仅是众多传本中的一种,究竟属于哪种情况,尚需进一步考证。

《三十六计》虽然发现较晚,并且较长时间内仅在小范围传播,然而,自从20世纪80年代开始,对于这本"大众兵法"的关注迅速升温。人们对于"三十六计"的热情早已超出了军事领域,扩展到社会生活的各个方面,出现了诸如"商场三十六计"、"交际三十六计"、"爱情三十六计"、"网络三十六计"、"砍价三十六计"等五花八门的"三十六计"的变种。《三十六计》应用领域的泛化,也使它的地位节节提升。但是,尽管我们应当给予这部著作以充分的重视和研究,却决不能对其价值和地位进行无原则的拔高。

在国内受到重视的同时,《三十六计》也已经走出了国门,被国外的一些研究者所重视。首先对《三十六计》进行介绍和研究的是我们的近邻韩国和日本,这两个东亚邻邦都有关于《三十六计》的书籍出版。在西方,较早注意《三十六计》的是瑞士汉学家胜雅律,1977年1月,他就在《法兰克福汇报》上发表了一篇介绍"三十六计"的文章。经过潜心研究,1988年,胜雅律先生研究"三十六计"的《智谋——平常和非常时刻的巧计》上册出版,2000年又出版了下册,这是第一次在西方系统地介绍"三十六计",产生了比较广泛的影响。后来,该书先后被译成荷、意、中、英、法、俄、葡、西、土等多种文字出版。其中,1991年,《三十六计》法文版出版,译者为法国汉学家弗·基歇尔,受到了包括军事专家在内的人们的好评。《三十六计》以自身独特的魅力,赢得了世界范围内的重视和赞美。

从内容上说,《三十六计》是对战争对策中的一定之规和已有事例的总结，并根据《易》中的"六六"之数，将其总结为六套，每套六条计谋。具体内容是：第一套为胜战计，包括瞒天过海、围魏救赵、借刀杀人、以逸待劳、趁火打劫、声东击西；第二套为敌战计，包括无中生有、暗渡陈仓、隔岸观火、笑里藏刀、李代桃僵、顺手牵羊；第三套为攻战计，包括打草惊蛇、借尸还魂、调虎离山、欲擒故纵、抛砖引玉、擒贼擒王；第四套为混战计，包括釜底抽薪、混水摸鱼、金蝉脱壳、关门捉贼、远交近攻、假途伐虢；第五套为并战计，包括偷梁换柱、指桑骂槐、假痴不癫、上屋抽梯、树上开花、反客为主；第六套为败战计，包括美人计、空城计、反间计、苦肉计、连环计、走为上。

从阐述方式上说，《三十六计》中的每一计都分计名、解语和按语三个部分。其中，计名大多取材于人们耳熟能详的成语或典故，具有生动形象、便于传播等特点。大体来看，"三十六计"的计名来源可分为这样几大类：一是源于古代战例，如"围魏救赵"、"暗渡陈仓"、"假途伐虢"等；二是历史故事，如"上屋抽梯"、"瞒天过海"、"抛砖引玉"、"打草惊蛇"等；三是出自古代军事、哲学或历史著作，如"以逸待劳"出自《孙子兵法》、"无中生有"出自《道德经》、"釜底抽薪"出自《汉书》等；四是出自古代诗歌等文学作品，如"李代桃僵"出自《乐府诗集》、"擒贼擒王"出自杜甫的诗歌等；五是出自民间谚语或俗语，如"关门捉贼"、"混水摸鱼"等。《三十六计》中借用的这些成语和典故，有些与原始意义相近，有些则存在着较大的差别。

解语是对每条计策的简单解释，主要涉及该条计谋的条件、要求、依据、基本做法以及相关的客观情况等。解语的突出特点，就是运用了以易演兵的方法，即引用《周易》经传中的原话或者易理，对计策进行解释，以《周易》哲学作为思想依据和基础。据统计，"三十六计"中，直接引用《周易》经传的有27计，其余9计也都运用了易理，涉及《周易》中的坤、屯、需、师、比、履、豫、随、蛊、噬嗑、剥、坎、睽、蹇、解、损、益、萃、困、渐、既济等21卦，并多次使用"阴"、"阳"、"刚"、"柔"等《周易》中的术语。《三十六计》的以易演兵，直接体现了中国古代兵学与哲学之间的内在联系。

一般认为，按语同计名和解语不是同时完成的，并非出自一人之手。从按语中所使用的"或曰"等表述方式来看，按语的出现应当晚于计名和解语，作为后人对前人表述的解释，保留了曾经存在过的不同看法。按语主要是在解语的基础上，对每条计谋进行的进一步解释，与解语的侧重于用《易》理进行阐释不同，按语的语言比较通俗易懂，并且往往引用一些具体的战例，这就使得对计谋本身的理解更为直观和具体。在对《三十六计》的研究中，计名、解语和按语应当作为一个整体来看待，都应当受到重视。

"兵以诈立"，军事斗争中讲究虚实、奇正的变化，重视"诡道"。从思想内容上说，《三十六计》就是专门论述军事斗争中的"诡道"的著作。它并不探讨军事斗争中的一般理论，也没有站在战略和全局的高度上对军事活动进行系统、全面的分析，而仅仅就军事斗争中的某一个方面，即如何实施"诡道"，如何在军事斗争中对敌人乃至盟友进行欺骗和麻痹等，进行实用性的分析和介绍。《三十六计》是对中国传统兵家文化中的谋略文化的总结和发挥，在此问题的论域之内已经达到了很高的造诣。

如今，对于《三十六计》的研究和应用已经远远超出了军事的范围，然而，对于这种现象，应当辩证地分析。从根本上说，中国古代的兵家思想绝大部分都是以获取利益为目的的，尤其像《三十六计》这种侧重于军事欺骗的著作，为了获取军事优势和利益更是不择手段。根据《三十六计》中的思想，为了获取利益，可以"隔岸观火"，可以"笑里藏刀"，甚至可以"趁火打劫"、"借刀杀人"。在这种思想的指导下，出卖盟友、不守道义、损人利己都成为正当的行为。这样的思想倾向对于获取军事斗争的胜利具有一定的帮助，但对于社会发展和进步来说，肯定是不可取的。我们知道，军事斗争是政治斗争的最高形式，为了争夺权力和利益，它往往以你死我活的残酷斗争为手段，甚至以从肉体上将敌人彻底消灭为目的，因此在整个过程中往往诙诡奇谲、不择手段。而社会生活的其他领域，包括政治、外交、商业、人际交往等，与军事领域有着本质的不同，社会要健康、稳定地发展，不能依赖诡诈权谋，只能靠人与人之间的和谐、宽容和理解。因此，我们不反对从包括《三十六计》在内的中国传统兵家文化中寻找智慧，为个人的成功、成才和社会的快速、稳定发展服务，但我们坚决反对将谋略文化泛化和庸俗化的倾向，反对将社会生活的其他领域和军事领域不加分别、混为一谈。随着社会竞争的加剧和个人追求成功愿望的加强，近些年来，成功、励志方面的著作层出不穷、花样繁多，其中不乏借用中国传统的兵家文化指导人生、指导社会竞争的作品，但我们也不无忧虑地看到，这些作品中也存在着良莠不齐、鱼龙混杂的现象，虽然有许多优秀的著作，但由于利益驱动等原因，也有一些作品侧重于宣扬落后、腐朽的观念，如"厚黑"、权诈思想，为了个人成功可以放弃尊严和道德，没有永远的朋友，只有永远的利益，等等，这些都对社会，尤其是对青少年，产生了消极的影响。这样的"成功"、"励志"否认了人的社会责任意识和道德观念，势必造成人们价值观、人生观和理想、信念上的混乱甚至颠倒，最终只能造就一个病态的社会。因此，对于中国传统文化进行简单类比、生搬硬套甚至恶意歪曲的行为，必须坚决加以反对。

目 录

总　　说 …………………………… 001
第一套　胜战计 …………………… 006
　第 一 计　瞒天过海 …………… 006
　第 二 计　围魏救赵 …………… 011
　第 三 计　借刀杀人 …………… 017
　第 四 计　以逸待劳 …………… 023
　第 五 计　趁火打劫 …………… 029
　第 六 计　声东击西 …………… 036
第二套　敌战计 …………………… 041
　第 七 计　无中生有 …………… 041
　第 八 计　暗渡陈仓 …………… 045
　第 九 计　隔岸观火 …………… 050
　第 十 计　笑里藏刀 …………… 055
　第十一计　李代桃僵 …………… 064
　第十二计　顺手牵羊 …………… 070

第三套　攻战计 ····················· 074

 第十三计　打草惊蛇 ················ 074

 第十四计　借尸还魂 ················ 078

 第十五计　调虎离山 ················ 083

 第十六计　欲擒故纵 ················ 088

 第十七计　抛砖引玉 ················ 092

 第十八计　擒贼擒王 ················ 095

第四套　混战计 ····················· 099

 第十九计　釜底抽薪 ················ 099

 第二十计　混水摸鱼 ················ 106

 第二十一计　金蝉脱壳 ·············· 110

 第二十二计　关门捉贼 ·············· 112

 第二十三计　远交近攻 ·············· 117

 第二十四计　假途伐虢 ·············· 122

第五套　并战计 ····················· 127

 第二十五计　偷梁换柱 ·············· 127

 第二十六计　指桑骂槐 ·············· 131

 第二十七计　假痴不癫 ·············· 137

 第二十八计　上屋抽梯 ·············· 144

 第二十九计　树上开花 ·············· 148

 第三十计　反客为主 ················ 151

第六套　败战计 ····················· 157

 第三十一计　美人计 ················ 157

第三十二计　空城计 …………… 162

第三十三计　反间计 …………… 167

第三十四计　苦肉计 …………… 172

第三十五计　连环计 …………… 176

第三十六计　走为上 …………… 181

总　说

【题解】

"总说"主要对《三十六计》的思想主旨、基本内容、"按语"的写作原则等进行了整体的介绍，着重说明了这三十六条计谋是对军事规律和军事谋略的总结。军事斗争就是对立的双方，甚至相关的数方的斗智斗勇。如果运筹得当，就能够"决胜千里之外"，以弱胜强，以少胜多，达到转危为安甚至不战而胜的目的。因此，"用兵之道，以计为首"，中外历史上以弱胜强的战例比比皆是，而仅凭匹夫之勇就能够纵横天下者却从来没有过。军事计谋的运用，关键就在于正确地认识军事斗争的规律和实际的形势。因此，前人对《三十六计》所做的按语，也着重对每条计谋所包含的规律和原理进行了分析。在"总说"的按语中，也特别说明了诡诈的计谋其实就隐藏在常理之中。计谋隐于常理之中，这其实和《孙子兵法》中"奇正相生"的道理是一样的。如果违背常理而对计谋生搬硬套，就会沦为纸上谈兵，不但不能取得胜利，反而会遭受重大的损失。

六六三十六①，数中有术，术中有数②。阴阳燮理③，机在其中④。机不可设⑤，设则不中。

按⑥：解语重数不重理⑦。盖理，术语自明⑧；而数，则在言外。若徒知术之为术，而不知术中有数，则术多不应。且诡谋权术⑨，原在事理之中，人情之内⑩。倘事出不经⑪，则诡异⑫立见，诧世⑬惑俗，而机谋泄矣。或曰：三十六计中，每六计成为一套。第一套为胜战计，第二套为敌战计，第三套为攻战计，第四套为混战计，第五套为并战计，第六套为败战计。

【注释】

①六六三十六：《三十六计》的解语多引用《易》中的词句或者思想。"六"在《易》中是阴爻、阴数之称。因此后来常常以"六"代表"阴"。这里，用《易》中表示阴数的"六"，来表示军事斗争中的机谋，即"阴谋"；用《易》中的太阴"六六"之数，来表示阴谋变化多端。军事斗争中的谋略变化无穷，千奇百怪，并非三十六个计谋所能涵盖。三十六计只是借用太阴"六六"之数，对古代举不胜举的军事斗争计谋的部分总结。马南邨（即邓拓）《燕山夜话·"三十六计"》中说："古人所谓三十六计，原来并没有详细的内容，只是借太阴六六之数，表示阴谋诡计多端而已。后人加以推演，才出现了不同的解释。其实，像这一类问题，大可不必过于拘泥，以致食古不化。"也就是说，古语"三十六计"最初只是虚指，极言计策之多，后来才凑为三十六实数。　②数中有术，术中有数：数，原指数目、数字，后来引申为客观规律。这里指敌我双方的力量对比、战场的实际状况等客观情况。术，即方法、手段、权术、计谋。在军事斗争中，采用什么样的计谋或方法，决定着军事行动的成

败,正如《吕氏春秋·决胜》中所说:"夫兵贵不可胜。不可胜在己,可胜在彼。圣人必在己者,不必在彼者,故执不可胜之术,以遇不胜之敌,若此则兵无失矣。"《孙子兵法·九变篇》中也说:"治兵不知九变之术,虽知五利,不能得人之用矣。""数中有术,术中有数",意思是说,在客观的实际状况中包含着军事斗争的谋略,军事斗争谋略的运用也要根据现实条件和情况的发展变化及其客观规律。　③阴阳燮理:中国传统哲学认为,宇宙中存在着贯通物质和人事的两个基本对立面,即"阴"和"阳"。"古时人见万物万象都有正反两方面,此种两极的现象普遍于一切,于是成立阴阳二观念。所谓阴阳,其实即表示正负。更发现一切变化皆起于正反之对立,对立乃变化之所以起,于是认为阴阳乃生物之本,万物未有之前,阴阳先有。更进而谓阴阳有未分之时,此阴阳未分之体,方是宇宙之究竟本根。"(张岱年:《中国哲学大纲》,江苏教育出版社,2005年版,第56页)。古人认为,阴和阳是宇宙的本原,阴阳变化流行,化生出世间的万物。正如北宋哲学家邵雍所说:"太极既分,两仪立矣。阳下交于阴,阴上交于阳,四象生矣。阳交于阴、阴交于阳而生天之四象;刚交于柔、柔交于刚而生地之四象,于是八卦成矣。八卦相错,然后万物生焉。是故一分为二,二分为四,四分为八,八分为十六,十六分为三十二,三十二分为六十四。故曰'分阴分阳,迭用柔刚,故易六位而成章'也。十分为百,百分为千,千分为万,犹根之有干,干之有枝,枝之有叶,愈大则愈少,愈细则愈繁,合之斯为一,衍之斯为万。"(《观物外篇》)"太阳之体数十,太阴之体数十二,少阳之体数十,少阴之体数十二。少刚之体数十,少柔之体数十二,太刚之体数十,太柔之体数十二。进太阳、少阳、太刚、少刚之体数,退太阴、少阴、太柔、少柔之体数,是谓太阳、少阳、太刚、少刚之用数。进太阴、少阴、太柔、少柔之体数,退太阳、少阳、太刚、少刚之体数,是谓太阴、少阴、太柔、少柔之用数。太阳、少阳、太刚、少刚之体数一百六十,太阴、少阴、太柔、少柔之体数一百九十二。太阳、少阳、太刚、少刚之用数一百一十二,太阴、少阴、太柔、少柔之用数一百五十二。以太阳、少阳、太刚、少刚之用数唱太阴、少阴、太柔、少柔之用数,是谓日月星辰之变数。以太阴、少阴、太柔、少柔之用数唱太阳、少阳、太刚、少刚之用数,是谓水火土石之化数。日月星辰之变数一万七千二十四,谓之动数。水火土石之化数一万七千二十四,谓之植数。再唱和日月星辰水火土石之变化通数二万八千九百八十一万六千五百七十六,谓之动植通数。"(《观物内篇》)由此可见,中国古代的阴阳观念中,包含着朴素辩证法的思想,一定程度上体现着对客观规律的认识。这也是它能与重视实际状况和客观规律的军事思想联系起来的基础。燮理,即协和治理,利用万物之间对立统一的规律,达到使它们和谐一致的目的。这里,"燮理阴阳"指认识和掌握军事活动中的对立统一规律。　　④机:技巧,机变,谋略,权诈。"机"同"术"、"数"等一样,也是中国古代兵家比较重视的一个范畴。如《六韬》中说:"阴其谋,密其机,高其垒,伏其锐。"(《武韬》)"兵胜之术,密察人之机而速乘其利,复疾击其不意。"(《武韬》)《尉缭子》中说:"威在于不变;惠在于因时;机在于应事;战在于治气。"(《尉缭子·十二陵》)　　⑤设:(主观的)设想、谋划。　　⑥按:"按语"的省称。"按语"是对有关文章、词句所作的说明、提示或考证。在《三十六计》的总说和每一条计谋之后,都附有一条按语。据考证,按语与计名和解语当不是同时完成的。　　⑦理:这里指一般的事理。
⑧术语:这里指对每条计谋进行说明的解语。　　⑨权术:权谋,手段。　　⑩人情:即人之常情,人类社会中的一般规律以及人们对这些规律的认识。　　⑪不经:指不合常法。
⑫诡异:指诡诈不经之处。　　⑬诧世:使世人惊异、诧异。

【译文】

太阴六六之数相乘为三十六,在客观的实际状况中包含着军事斗争的谋略,军事斗争谋略的运用也要根据客观情况的变化及其发展规律。认识和掌握了军事活动中的对立统一规律,就能够从中把握和运用军事谋略。谋略不能离开客观状况和规律而仅仅通过主观臆想,如果单凭主观想象去谋划,肯定不会达到军事活动的目的。

按语:我们所做的解语,着重解释的都是客观的规律和适用这些规律的实际状况,而不是讲述一般的道理。因为一般的道理在计谋的说明中就已经很明确了;而其中所隐含的规律,却是在解语之外的。如果人们只知道作为规律的实际运用的计谋,而不知道这些计谋包含的规律和之所以成功的原因,那么计谋就很容易流于生搬硬套而失败。况且任何诡诈的计谋原本就是在一般的道理之中、普遍的人情之内的。如果脱离了人情和事理而刻意进行设计,违背了一般常识,那么它的诡诈和异常必然马上显现出来,这样就会引起人们的诧异和警惕,计谋也就因此败露了。有人说:这三十六种计谋,每六种成为一套,共分六套。第一套称为胜战计,第二套称为敌战计,第三套称为攻战计,第四套称为混战计,第五套称为并战计,第六套称为败战计。

第一套　胜战计

第一计　瞒天过海

【题解】

"瞒天过海"的计名出自"薛仁贵征东"的传说,说的是唐太宗征高丽时,薛仁贵等人用伪装的船渡唐太宗过海的故事。因为古代称皇帝为"天子",所以薛仁贵和群臣谋划此计时称此计为"瞒天过海"。然而,"三十六计"中的"瞒天过海"虽然在计名上借用了这个典故,但实际意义却有所不同。这里用"瞒天过海"来比喻通过伪装来哄骗对方,麻痹敌人的思想,背地里偷偷地采取行动以获得成功。

备周则意怠,常见则不疑。阴在阳之内,不在阳之对。太阳,太阴①。

按:阴谋作为,不能于背时秘处行之②。夜半行窃,僻巷杀人,愚俗之行,非谋士之所为也。昔孔融被围③,太史慈将突围求救④。乃带鞭弯弓,将两骑自从,各作一的持之⑤。开门出,围内外观者并骇,慈竟引马至城下堑内⑥,植所持的射之⑦。射毕,还。明日复然,围下人或起或卧;如是者再,乃无复起者。慈遂严行蓐食⑧,鞭马直突其围;

比贼觉⑨,则驰去数里许矣。

【注释】

①太阳,太阴:这里的"阳"和"阴"分别指公开、暴露和隐秘、机密。太阳,指非常公开;太阴,指非常隐秘。　②背时:一说为秘密的时间,一说为不适当的时间。今从前说。　③孔融:字文举,鲁国(今山东曲阜)人,孔子二十世孙。孔融少有异才,成年之后喜欢结交当时的名士,并富有才名。"负其高气,志在靖难,而才疏意广,迄无成功。"后被曹操所杀。《后汉书》记载,孔融为北海太守时,"黄巾复来侵暴,融乃出屯都昌,为贼管亥所围。融逼急,乃遣东莱太史慈求救于平原相刘备"。　④太史慈:《后汉书》注引《吴志》说:"慈字子义,东莱人也。避事之辽东,北海相孔融闻而奇之,数遣人讯问其母,并致饷遗。时融为管亥所围,慈从辽东还,母谓之曰:'汝与孔北海未尝相见,至汝行后,赡恤殷勤,过于故旧。今为贼所围,汝宜赴之。'慈单步见融,既而求救于刘备,得兵以解围焉。"　⑤的:箭靶的中心,常代指箭靶。　⑥堑:沟壕。　⑦植:竖起,立起。　⑧严行:急行。这里指做好急行的准备。蓐食:早晨未起身,在床席上进餐,比喻早餐时间很早。这里指匆匆忙忙吃罢饭。　⑨比:等到。

【译文】

自认为防范周密,思想上就容易产生懈怠;对于经常看到的事情,往往就不会产生怀疑。隐秘的计划通常包含在公开的活动之中,而并不是和公开的活动相互对立排斥。非常公开的事情之中,往往隐藏着非常机密的东西。

按语：通过诡诈的计谋取得成功，并不一定要在秘密的时间和隐蔽的地点实行。夜半时分偷窃财物，偏僻小巷杀人越货，这是愚昧无知的庸俗之辈的作为，不是智谋之士所要做的事情。东汉末年，北海太守孔融被起义的黄巾军包围，太史慈为了报答孔融周济其母的恩德，决定突围搬取救兵。一天，他拿着马鞭，背着弯弓，带着两个骑着马的随从，每个随从拿着一个箭靶。他们打开城门从城中出来，无论是城里的人还是围城的士兵看见他们都大吃一惊。太史慈竟然牵着马来到城外堑壕里，从容地插好靶子，练习起了射箭。射完之后，又收起靶子回到城里。第二天仍然如此，这时候围城士兵中有的警觉地站起来看，有的则躺着，没有做出任何反应。三番五次之后，就没有人再为他们的这种行为警觉地站起来了。太史慈见时机成熟，急忙收拾好自己的行装，匆匆地在草垫子上吃罢了饭，策马径直突围而去；等到敌人反应过来，他已经冲出几里地了。

【战例】

狄青智取昆仑关

公元1052年，侬智高在广西叛乱，宋仁宗派狄青率兵镇压。狄青到达宾州之后，命令将士坚守营寨，并囤积10天的粮草。叛军得到消息，以为狄青要打持久战，近期不会主动交战，就放松了戒备。可是，第二天清晨，狄青忽然下令即刻进兵，在迫近昆仑关敌营的地方又扎下营寨。

当时恰好是正月十五上元节，这是当时非常受重视的一个节日，举国上下张灯结彩进行庆祝。狄青也传下令来，军中大摆宴席，并宣布分三天宴请全军将士。第一天先宴请高级将领，第二天宴请中下级军官，第三天犒赏全体士兵。第一天夜里，狄青和将领们饮酒行令，尽情欢乐，一直到天亮。第二天夜里宴请中下级军官时，宴会刚刚进行到一半，狄青忽然起身说："我感觉身上不舒服，到大帐里稍微休息一会儿再来陪大家。"过了一会儿，大帐里传出话来，说元帅身体还没好，先由副将孙沔代为主持宴会。众人也没有在意，毫无拘束，尽情吃喝，又直到天亮。正当大家准备结束宴会时，忽然有军卒前来报告："元帅已经攻下昆仑关了。"

原来，宋营将士欢度佳节、连夜宴饮的消息传到叛军营中，叛军也放松了警惕，大排宴席犒赏部下。狄青挑选了部分精锐将士，趁敌人不备进行偷袭，一举攻下昆仑关。

齐姜醉夫

春秋时期，晋国发生内乱，晋献公听信骊姬的谗言，逼死太子申生，还要杀另外两个儿子公子重耳和夷吾。重耳在赵衰、狐偃等人的帮助下，逃出晋国，一路辗转来到齐国。公子重耳到了齐国之后，齐桓公对他很热情，还把一个宗室之女许配给他。齐国为姜姓，根据当时的风俗，重耳的妻子就被称为"齐姜"。重耳在齐国待遇很好，过着舒适的日子，打算老死在齐国了。过了两年，齐桓公死了，孝公即位，齐国又时有内乱，霸主地位渐渐丧失了。赵衰、狐偃知道齐国帮不了他们多大的忙，觉得不宜久留，劝重耳离去。而重耳一过上安定的日子，就沉湎于温柔乡中，满足于儿女情长，把复国大业丢置脑后，硬是不肯走。

一天，赵衰、狐偃又躲到一棵桑树下商量，策划再劝重耳出走之事。不曾想被一个正在树上摘桑叶的采桑女听了个一清二楚。等到两人一走，采桑女便跑去报告了齐姜。齐姜决定亲自去劝重耳。她对重耳说："跟你一起来的人现在都想离开这里，回晋国建立大业。你一定要考虑大家的意见，不可犹豫，犹豫是做不成事的。自从你离开晋国，晋国就没有安宁过，人民没有了确定的君主。既然天没有亡晋，现在除了你以外，晋国又没有别的继承人。

那么得到晋国并且把局面收拾好的人，不是你，还能有谁呢？你还是振作起来，顺从天意吧！你犹豫不定，违反天意，是会有灾难的。"可是重耳听了齐姜关于晋国局势的分析，却丝毫没有动心，说："人生不就图个安乐吗，我不想再走动了，要死也死在这里。"

齐姜见重耳不为所动，又广征博引，引用了《诗经》中的名言和管仲的遗训，向他讲大道理，并说："齐国现在已经在走下坡路，晋国动荡不安也已经有很长时间了；你的随从们的计划都是出于对你的忠心，重振晋国的时机已经到来，公子你在外面流浪的日子也该结束了。掌握一个国家可以给老百姓带来稳定的生活，而放弃这样的义务不是一个仁人所应该做的。走下坡路的国家不能久留，时机失去了不会再回来，属下们的忠心不可以受打击，个人的私欲不能够太放纵。你还是快些离开吧！"

面对齐姜这样坚决而有远见的劝导，重耳却仿佛吃了秤砣铁了心，还是无动于衷。齐姜没有办法，就找到赵衰、狐偃共同商议。他们决定，既然好言劝说无效，就把他劫掠回晋国。于是，齐姜摆下酒宴，一边继续劝导重耳，一边陪他喝酒。重耳不知是计，喝得酩酊大醉。齐姜就果断地用被子把丈夫包裹起来，交给赵衰、狐偃，他们把重耳装上马车，日夜兼程向晋国进发。重耳酒醒后，非常生气，拿起武器来，要同狐偃等人拼命，但他已经被随从们控制住了，又见已离临淄很远，只得作罢。

后来，重耳在秦国的帮助下，最终回到晋国成了国君，就是后来春秋五霸之一的晋文公。

第二计　围魏救赵

【题解】

"围魏救赵"原出于《史记·孙子吴起列传》中所记载的战国时期齐国与魏国的桂陵之战。这一战中,齐国应赵国之请派兵,以解魏国对赵国的邯郸之围,齐主将田忌听从了孙膑的建议,没有直接率兵到邯郸与魏军决战,而是去进攻魏国的都城大梁。围困邯郸的魏将庞涓怕大梁有失,急忙撤围回救,结果正中孙膑之计,被在桂陵等候的齐军打得大败。后来,孙膑的这一计策常为兵家所采用,称为"围魏救赵"之法。"围魏救赵"之计的关键,就是要攻其所必救,抓住关键,控制敌人,掌握主动。

共敌不如分敌①;敌阳不如敌阴②。

按:治兵如治水:锐者避其锋,如导疏;弱者塞其虚,如筑堰。故当齐救赵时③,孙子谓田忌曰④:"夫解杂乱纠纷者不控拳⑤,救斗者不搏撠⑥,批亢捣虚⑦,形格势禁⑧,则自为解耳。"

【注释】

①共敌不如分敌:共敌,一说为使敌人兵力集中;一说为兵力集中的敌人。分敌,一般认为是"使敌人兵力分散"的意义。

②敌阳不如敌阴:敌阳,采取主动的攻势先发制人;敌阴,根据战争的形势后发制人。《唐太宗李卫公问对》卷中李靖引用范蠡的话说:"后则用阴,先则用阳。"相传为明代刘基所作的《百战奇略·后战》中,对通过后发制人取胜的作战原则进行了分析,认为:"凡战,若敌人行阵整而且锐,未可与战,宜坚壁待之,候其阵久气衰,起而击之,无有不胜。法曰:'后于人以待其衰。'" ③齐救赵时:指公元前353年,魏国攻打赵国,包围赵国都城邯郸,攻势甚急,赵国抵挡不住,向齐国求救。齐国派田忌为主帅,孙膑为军师,率军救赵。 ④孙子:这里指孙膑,曾为齐国军师,指挥过桂陵、马陵等大战,著有《孙膑兵法》。《史记·孙子吴起列传》记载:"孙武既死,后百余岁有孙膑。膑生阿、鄄之间,膑亦孙武之后世子孙也。孙膑尝与庞涓俱学兵法。庞涓既事魏,得为惠王将军,而自以为能不及孙膑,乃阴使召孙膑。膑至,庞涓恐其贤于己,疾之,则以法刑断其两足而黥之,欲隐勿见。齐使者如梁,孙膑以刑徒阴见,说齐使。齐使以为奇,窃载与之齐。齐将田忌善而客待之。……其后魏伐赵,赵急,请救于齐。齐威王欲将孙膑,膑辞谢曰:'刑余之人不可。'于是乃以田忌为将,而孙子为师,居辎车中,坐为计谋。田忌欲引兵之赵,孙子曰:'夫解杂乱纷纠者不控捲,救斗者不搏撠,批亢捣虚,形格势禁,则自为解耳。今梁赵相攻,轻兵锐卒必竭于外,老弱罢于内。君不若引兵疾走大梁,据其街路,冲其方虚,彼必释赵而自救。是我一举解赵之围而收弊于魏也。'田忌从之,魏果去邯郸,与齐战于桂陵,大

破梁军。"田忌：战国时齐国将军，与孙膑一起指挥过桂陵和马陵等战役。后因与齐相邹忌不和，被邹忌诬陷，逃奔到楚国。
⑤杂乱纠纷：形容丝线等交错纠结，无秩序，无条理。控拳：伸出拳头击打。《史记·孙子吴起列传》中前注所引："夫解杂乱纷纠者，不控捲。"司马贞索隐曰："谓解杂乱纷纠者，当善以手解之，不可控捲而击之。捲，即拳也。" ⑥搏撠：指揪住。《资治通鉴·周显王十六年》引前注所引《史记·孙吴列传》中孙膑之言，胡三省注曰："撠，如《汉书》'撠太后掖'之也，师古曰：'撠，谓拘持之也。'毛晃曰：'索持曰搏，拘持曰撠。'"
⑦批亢捣虚：指扼其要害而击其空虚。亢，比喻要害之处。
⑧形格势禁：指通过形势来阻碍或限制。

【译文】

对兵力集中的敌人进行打击，不如想法使其兵力分散后再打击；采取主动的攻势发起军事行动，不如根据战争的形势后发制人。

按语：处理军事斗争与治理洪水有相类似之处：敌人势头强劲，就要像疏导水流一样避开其锋头；敌人势力弱小，就要像筑堤阻水一样直接予以堵截。所以当齐国解救赵国的邯郸之围时，孙膑对田忌说："解开杂乱地缠绕在一起的丝线，不能用拳头硬拍硬打；阻止打斗行为，不能靠抓住搏斗的人不放。避开强盛的势头，攻击其虚弱之处，利用形势的变化逼迫对方就范，争斗自然就会结束。"

【战例】

晋文公解宋围

春秋时，楚国国君围攻宋国，晋文公与大臣商量该不该派兵救援。大夫先轸说："救援是应该的，这样做可以说一举多得。既可以报答宋国从前对我们的帮助，又可以挽救别人于危难；既可以树立我国的威望，又可以借此成就霸业。这么多好处，都在此一举。"

狐偃说:"我们不必直接去解宋国之围。楚国刚刚使曹国归顺自己,不久前又与卫国结成了婚姻。我们如果攻打曹、卫两国,楚国一定会来救援,那么宋国的包围自然就可以解了。"晋文公听从了这两人的意见,结果很轻易就解除了宋国的危难。

朱健智救辟阳侯

西汉惠帝时,辟阳侯审食其与吕太后私通,又凭借吕太后的庇护飞扬跋扈,联结党羽,势倾朝野。汉惠帝知道审食其与母亲私通,虽恼羞成怒但不便明说,就抓了审食其的一些其他劣迹,将他关进了监狱。审食其刚入狱的时候,还以为吕太后一定会想法救他。可是吕太后虽然很着急,但不好意思向皇帝儿子开口,无法讲情。朝中的文武大臣都巴不得早日将他一刀两断,因此也无一人求情。

审食其被拘数日,见无人出面搭救,只得自己想办法。他想来想去,也只有平原君朱健可以帮上自己的忙。朱健家里很贫穷,母亲病死后无钱埋葬。审食其为了结交他,曾经接受陆贾的建议,送了百金给朱健,帮朱健渡过了难关。此次审食其入狱,心想朱健一定会知恩图报,搭救自己出狱,于是就让家人去找他来商议对策。审食其的家人见到朱健,说明了来意。朱健对来人说:"朝廷正在严办此案,我不敢入狱去与他相见,请麻烦为我转告一下。"家人把朱健的话回报给审食其,审食其认为朱健忘恩负义,悔恨交加,心灰意冷,在狱中只等一死。不料数日之后,他竟蒙皇帝的大赦,放出牢狱。

审食其喜出望外,心想自己获释,一定是太后相救。可是经过仔细探查,才知道并不是太后救了他的命,而是惠帝的幸臣闳孺替他苦苦哀求,皇帝才赦免了他一死。审食其对此感到很疑惑,因为他与闳孺并没有什么交情,他为何要救自己呢?但既然人家已经救了自己,就理应表示感谢,审食其于是前去拜谢。等到见了闳孺,闳孺说到了救他的原因,审食其才知道真正的救命恩人,其实就是朱健。

原来,朱健对审食其入狱一事虽然表面上表现得很冷淡,但内心里很是关切。他想,欲救审食其,没有其他的道路,只有运动惠帝的幸臣,帮他从中排解,才能见功。于是,朱健亲至闳孺宅上拜见闳孺。闳孺早就听说过朱健的名声,很早就想结识他,今日朱健亲自到来,闳孺既惊异又高兴,连忙出迎。寒暄过后,朱健便请闳孺屏去侍役,低声对他说:"辟阳侯下狱,外人都说是足下您向皇帝告的状,不知究竟有无此事?"闳孺惊答道:"我素来与辟阳侯无冤无仇,为什么要告他的状呢?这话究竟是从何说起啊?"朱健说:"众口铄金啊!本来别人不知这其中的奥秘,但是现在足下有此嫌疑,恐怕辟阳侯一死,下一个就轮到足下您了。"闳孺被吓得目瞪口呆。朱健又接着说道:"您深受皇帝的宠爱,无人不知,可是辟阳侯受宠于太后,也几乎无人不晓。您也知道,今天国家的大权,实际上是掌握在太后手中的,只是因为辟阳侯下狱的事情关系到私宠,太后不便替他说情。但是,如果今日辟阳侯被杀了,明日太后就一定会杀了足下。他们母子间产生了矛盾就会互相报复,足下与辟阳侯难免都会成为牺牲品,难道您就可以逃脱一死吗?"闳孺急忙问道:"根据您的高见,是不是必须辟阳侯不死,然后我才能平安无事?"朱健道:"这个自然。您如果能为辟阳侯在皇帝面前求情,放他出狱,太后知道了也一定会感念您。足下如果赢得了两主的欢心,富贵一定会在现在的基础上加倍啊!"闳孺点头称是,说道:"多谢您的指教,我一定会按照您的意思去办。"

第二天,汉惠帝便下了一道旨意,将审食其释放出狱。这全是闳孺向皇帝求情的结果。

朱健智救辟阳侯的故事,有点像三十六计中的"围魏救赵"。他要救审食其,根据当时的情况,自己去向皇上求情,或者去求别的大臣,都是行不通的。因此他想到了皇帝的幸臣闳孺。但是,以朱健的地位,如果去找闳孺直接说明目的,即使他苦苦哀求,闳孺也必然会以不敢得罪皇帝和其他大臣为由而拒绝他。因此,朱健绕了一个弯子,抓住闳孺害怕得罪吕太后的心理,并晓以利害,使他自愿为辟阳侯求情。可以说,在这件事中,朱健抓住了两个关键,第一个是找对了人,抓住了对象这个关键;第二个是用对了策略,抓住了方法这个关键。

第三计　借刀杀人

【题解】

"借刀杀人",简单地说,就是自己不出面,利用别人的手去消灭自己的敌人。"借刀杀人"之计的实施,关键就在于挑起敌人之间或者敌人与第三方之间的矛盾,己方则坐山观虎斗,坐收渔翁之利。需要说明的是,关于此计的按语,有的版本所举事例与此不同。另有版本举例说:"如:郑桓公将欲袭郐,先向郐之豪杰、良臣、辩智果敢之士,尽与姓名,择郐之良田赂之,为官爵之名而书之,因为设坛场郭门之外而埋之,衅之以鸡豭,若盟状。郐君以为内难也,而尽杀其良臣。桓公袭郐,遂取之。诸葛亮之和吴拒魏,及关羽围樊、襄,曹欲徙都,懿及蒋济说曹曰:'刘备、孙权外亲内疏,关羽得志,权心不愿也。可遣人蹑其后,许割江南以封权,则樊围自释。'曹从之,羽遂见擒。"这里所举的分别是西周时郑国灭郐和东汉末年曹魏借东吴之手除掉关羽的例子。

敌已明,友未定①,引友杀敌②,不自出力,以《损》推演③。

按:敌象已露,而另一势力更张,将有所为,便应借此力以毁敌人。如子贡之存鲁、乱齐、破吴、强晋④。

【注释】

①友：指有可能成为盟友的第三方力量。　②引：诱引，诱导。　③《损》：《易》中的卦名，兑下艮上，主要阐述损与益之间的关系，着重讲"损下益上"的道理。推演：推理演算、推论演绎。　④子贡之存鲁、乱齐、破吴、强晋：子贡，孔子弟子，卫国人，姓端木名赐，字子贡。春秋末年，"田常欲作乱于齐，惮高、国、鲍、晏，故移其兵欲以伐鲁。孔子闻之，谓门弟子曰：'夫鲁，坟墓所处，父母之国，国危如此，二三子何为莫出？'子路请出，孔子止之。子张、子石请行，孔子弗许。子贡请行，孔子许之。"子贡离开鲁国之后，先后出使齐国、吴国、越国、晋国，向各国的执政者陈以利害。结果，"子贡一出，存鲁，乱齐，破吴，强晋而霸越。子贡一使，使势相破，十年之中，五国各有变"。详见《史记·仲尼弟子列传》。

【译文】

敌人的情况已经明确，而盟友的态度还不明朗。要设法诱导盟友去消灭敌人，这样自己就不需要耗费实力。要善于运用《易经·损卦》中"损下益上"的逻辑进行推理演绎。

按语：敌人的形势已经明朗，而另一方势力也在扩张，要想有所作为，就应当借助这一势力来消灭敌人。比如春秋末年，子路为了缓解齐国对鲁国的军事压力，通过外交手段，使鲁国得以保全，齐国陷入混乱，吴国灭亡，晋国强大。

【战例】

石碏计除州吁

春秋时期，卫庄公的宠妾生了一个儿子，名字叫州吁，庄公非常宠爱他。州吁从小喜欢军器,庄公从来不加禁止;他还非常残暴,时常打骂别人,甚至欺负自己的哥哥,庄公也不以为意。老臣石碏看不下这种情况,认为日久必然生乱,于是规劝庄公说:"我听说如果喜欢自己的儿子,就应当用道义去教育他,不要让他走到邪路上去。性情骄傲、奢侈、放荡、逸乐,这是走上邪路的苗头。这四种恶习之所以会发生,原因就在于宠爱和赐予得太过分。如果大王您准备立州吁为太子,那就应该确定下来;如果不能确定又任他肆意妄为,就会逐渐酿成祸乱。受宠而不能骄傲,骄傲而能安于卑下的地位,地位卑下而不能怨恨,怨恨而能克制,这样的人是很少见的。况且,低贱的妨害尊贵的,年少的欺凌年长的,疏远的离间亲近的,新来的离间故旧的,弱小的欺侮强大的,贪婪的破坏道义的,这就是六种违反事物秩序和规律的现象。国君行义,臣子从令,父亲慈爱,儿子孝顺,兄长爱弟,弟敬兄长,这就是六种符合事物秩序和规律的现象。如果抛弃了正常而效法反常,就会很快地招致祸害。作为君主,您应该尽力去掉祸害,但现在却加速它的到来,这恐怕不可以吧!"庄公没有听从他的规劝。

石碏的儿子石厚和州吁来往密切,石碏禁止他与州吁来往,石厚不听。庄公去世之后,公子完即位,是为卫桓公。石碏知道卫国迟早要混乱,就以自己年龄大了为借口,告老回家了。不久之后,州吁果然杀了卫桓公,自立为国君。

州吁成为国君之后,就准备攻伐邻国。因为郑国曾经和前代国君结下过怨恨,所以成为他进攻的首要目标,他打算以此来讨好诸侯,安定国内的人心,转移自己因篡位而引发的各种矛盾。为了增加取胜的把握。他派人告诉宋国的国君说:"您如果打算进攻郑国,以除去您的隐忧,那么我们将以您为主,并且出兵出物,和陈、蔡两国一道作为属军。这就是卫国的愿望。"宋国答应了联合出兵的请求。这时,陈国、蔡国正和卫国关系友好,所以宋国、陈国、蔡国、卫国四国组成联军,进攻郑国,包围了国都的东门。过了五天才撤兵。

在四国包围郑国的时候,鲁国的国君鲁隐公曾经问大臣众仲:"卫国的州吁能成功吗?"众仲回答说:"我只听说用德行安定百姓,没有听说用祸乱来稳定人心的。用祸乱来稳定人心,如同用暴力来理出乱丝的头绪,反而会弄得更加纷乱。州吁这个人,仗恃武力而性情残忍。仗恃武力就不会有人支持,性情残忍就不会有人亲附。没有人愿意支持和亲近的独夫,肯定不会成功。战争这样的事情就像大火一样,即使不去及时扑灭,也会焚烧自己,况且是自己玩火呢?州吁杀了他的国君,又暴虐地对待百姓,不致力于修养美德,反而想通过制造祸乱来取得成功,就一定不能免于祸患了。"

州吁用尽了全身的解数,也不能安定国内的百姓,于是就让石厚回家向石碏询问安定君位的办法。石碏觉得这是一个除掉州吁、安定卫国的好机会,就假装热心地说:"只要州吁去朝觐周天子,得到了周天子的认同,就可以取得合法地位,从而安定国内的人心。"石厚又说:"可是如何才能去朝觐周天子呢?"石碏说:"陈桓公现在正受周天子的宠信。现在陈、卫两国关系和睦,如果州吁到陈国去。请陈桓公代为请求,就一定可以成功。"

石厚回去把这个主意转告了州吁,他们都觉得有道理,二人就一同到了陈国。石碏得知二人已去陈国的消息之后,也派人到了陈国,告诉陈国的国君说:"卫国地方狭小,我现在年纪也已70多岁了,想要为国家做些事情,已经力不从心了。州吁和石厚这两个人,确实杀死了我国的君主,请您帮忙趁他们离开卫国的机会除掉他们吧。"陈国人接受了石碏的请求,认为这是一件正义的事情,州吁、石厚两个人一到陈国,陈国人把他们抓住了,请卫国派人前来处理。在石碏的安排下,卫国派右宰丑在陈国的濮地杀了州吁,同时,石碏也大义灭亲,派自己的管家獳羊肩在陈国杀了石厚。接着,他们又到邢国迎回了出逃的公子晋,将他立为新的国君。

在卫庄公在位的时候,石碏虽然力谏,但没有使州吁受到限制;在州吁控制了卫国之后,他更是无力与其抗衡。因此,他借州吁急于稳定民心的时机,借陈国的力量除掉了他,从而用"借刀杀人"的方法避免了国内出现更大的混乱。

袁盎进谗杀晁错

西汉时期,袁盎与晁错不和。只要有晁错在的地方,袁盎就会离去;只要有袁盎在的地方,晁错也就离开。汉文帝去世,汉景帝继位,晁错当上了御史大夫,就派官吏查核袁盎接收吴王刘濞财物的事情,并要求给予惩罚,于是皇帝下诏令将袁盎贬为平民。

后来,由于晁错的"削藩"主张,引发了以吴王刘濞为首的"七国之乱"。叛乱的消息传到京城,晁错于是对掌管刑罚的官员说:"袁盎收受过吴王的许多财物,说他不会反叛。现在反叛已成事实了,我请求处治袁盎。他一定知道叛乱的阴谋。"掌管刑罚的官员没有接受他的建议,晁错也就犹豫不决了。袁盎得知了晁错的意图后,非常害怕,当夜去见同样与晁错不和的窦婴,向他说明吴王之所以反叛的原因,希望能到见到皇上亲自陈明。窦婴报告给皇上,皇上召见了袁盎。当时晁错就在面前,谈到关键之处,袁盎请求皇上避开别人单独会谈。晁错退下去之后,袁盎对皇帝说:"吴、楚相互往来的书信说:'高祖封立刘氏子弟为王,并有各自的封地,现在贼臣晁错却擅自削夺诸侯的土地'。他们之所以造反,就是为了联合起来诛讨晁错。只要恢复了原来的封地就会罢兵。为今之计只有斩杀晁错,派使者赦免吴、楚七国的罪过,恢复原来的封地,那么就能够兵不血刃地结束战事。"皇帝沉默了很长一段时间,说:"如果真的是这样,我不会因为偏爱一个人而拒绝天下的。"袁盎说:"希望您认真地考虑考虑我的建议。"皇帝于是任命袁盎做了太常,吴王弟弟的儿子做了宗正。十多天后,晁错就被杀掉了,但七国并没有因此而罢兵。

第四计　以逸待劳

【题解】

"以逸待劳"出自《孙子兵法》。《军争篇》中说:"故三军可夺气,将军可夺心。是故朝气锐,昼气惰,暮气归。故善用兵者,避其锐气,击其惰归,此治气者也。以治待乱,以静待哗,此治心者也。以近待远,以佚待劳,以饱待饥,此治力者也。"《虚实篇》中说:"凡先处战地而待敌者佚,后处战地而趋战者劳。故善战者,致人而不致于人。能使敌人自至者,利之也;能使敌人不得至者,害之也。故敌佚能劳之,饱能饥之,安能动之。"以逸待劳,多指作战时先采取守势,养精蓄锐,让敌人来攻,然后乘其疲劳,战而胜之。

困敌之势①,不以战;损刚益柔②。

按:此即致敌之法也③。兵书云:"凡先处战地而待敌者佚,后处战地而趋战者劳。故善战者,致人而不致于人。"④兵书论敌,此为论势,则其旨非择地以待敌,而在以简驭繁,以不变应变,以小变应大变,以不动应动,以小动应大动,以枢应环也⑤。如:管仲寓军令于内政⑥,实而备之;孙膑于马陵道伏击庞涓⑦;李牧守雁门⑧,久而不战,而实备之,战而大破匈奴⑨。

【注释】

①势:指军事指挥员通过灵活的战术运用所形成的军事态势。"势"是中国古代一个非常重要的兵学范畴,《孙子兵法》十三篇中,其中专门有一篇名为《势篇》,阐述军事行动中"势"和"任势"的重要性。　②损刚益柔:出自《易·损》的彖传,原文为:"损刚益柔有时。损益盈虚,与时偕行。"意思是说,损伤一方增强一方是有时间性的。事物的损伤、增强、充实、不足,都是随着时间的变化而变化的。《三十六计新编》中认为,这里的"损刚益柔"是指:"进攻者锐气方刚,处于优势主动地位,但易疲惫,难持久,优势主动中隐藏着劣势被动的因素,防守者准备强敌来攻,处于劣势被动地位,但只要能够不断地消耗疲惫敌人,减杀敌人的锐气,就能从被动中争取主动,变劣势为优势。这就像一天一夜二十四小时,白天长了,夜晚就自然短;夜晚长了,白天自然就短。在敌我总的力量不变时,敌人由优变劣,由主动变被动,我自然也就由劣变优,由被动变主动了。"(李炳颜:《三十六计新编》,战士出版社,1981年版,第17页)。　③致敌:即调动敌人。　④兵书云:"凡先处战地而待敌者佚,后处战地而趋战者劳。故善战者,致人而不致于人":出自《孙子兵法·虚实篇》。处,居止,这里是到达、占据的意思。佚,通"逸",安逸,从容。趋,疾行、奔赴。一说应为"促",即仓促。趋战,仓促应战。劳,疲劳,劳苦。致人,招致、调动别人,这里指调动敌人。致于人,指为敌人所调动。⑤以枢应环:意思是抓住枢要以应对各个环节。　⑥管仲:

中国春秋时期著名军事家、政治家和思想家。名夷吾，颍上（今安徽境内）人，曾辅佐齐桓公改革齐国的内政外交，壮大实力，成为"春秋五霸"之首。寓：寄托。　⑦马陵：古地名，战国时属齐国，公元前341年，孙膑伏兵杀魏将庞涓于此。《史记·孙子吴起列传》记载说："魏与赵攻韩，韩告急于齐。齐使田忌将而往，直走大梁。魏将庞涓闻之，去韩而归，齐军既已过而西矣。孙子谓田忌曰：'彼三晋之兵素悍勇而轻齐，齐号为怯，善战者因其势而利导之。兵法，百里而趣利者蹶上将，五十里而趣利者军半至。使齐军入魏地为十万灶，明日为五万灶，又明日为三万灶。'庞涓行三日，大喜，曰：'我固知齐军怯，入吾地三日，士卒亡者过半矣。'乃弃其步军，与其轻锐倍日并行逐之。孙子度其行，暮当至马陵。马陵道狭，而旁多阻隘，可伏兵，乃斫大树白而书之曰'庞涓死于此树之下'。于是令齐军善射者万弩，夹道而伏，期曰'暮见火举而俱发'。庞涓果夜至斫木下，见白书，乃钻火烛之。读其书未毕，齐军万弩俱发，魏军大乱相失。庞涓自知智穷兵败，乃自刭，曰：'遂成竖子之名！'齐因乘胜尽破其军，虏魏太子申以归。"庞涓：战国时魏国人，曾和孙膑一起学习兵法，后为魏惠王的将军。后因嫉妒孙膑才华，设计陷害。后被孙膑伏击于马陵道，自杀而死。详见前注及"围魏救赵"注。　⑧李牧：战国时赵国将军，曾在防范匈奴和抵抗秦国等战役中屡立战功。后因赵王中秦国的反间计而将其杀害。雁门：战国时赵地，为防御匈奴南下的重要关隘，在今山西省代县北部。《山西通志》说："雁门山在代州北三十五里，双阙陡绝，雁欲过者必由此径，故名。一名雁门塞。依山立关，谓之雁门关。"　⑨匈奴：我国古代北方民族之一，战国时游牧于燕、赵、秦以北的地区。

【译文】

造成使敌人处于穷困状态的战争态势，并不需要通过直接正面交锋的方法来获取，可以根据《易传》中"损刚益柔"的道理，善于利用事物之间刚柔、损益转化的规律来达到。

按语：这是一条调动敌人的计策。《孙子兵法》中说："一般来说，作战中先到达战地而等待敌人来战的，就安逸、从容，后到达战地而仓促应战的，就疲劳、紧张。所以，善于指挥打仗的人，能调动敌人却不被敌人调动。"兵书中的这段话主要是论述对敌作战的，在这里主要是论述形势变化的，所以这里所说的主要意思不是选择地利以等待敌军的到来，而是在于以简单驾驭烦琐，以不变应对万变，以小变应对大变，以不动应对运动，以小动应对大动，抓住关键以应对各个环节。比如，管仲将军令寓于国家的各项政策之中，以实实在在地充实军事力量；孙膑在马陵道以逸待劳伏击庞涓；李牧镇守雁门关时，久不出击，只是积聚自己的力量，一出击便大败匈奴。

【战例】

黄忠智胜夏侯渊

三国时期，蜀汉老将黄忠在定军山和曹将夏侯渊相遇，初战告捷之后。夏侯渊便坚守山寨，不再出来交战，黄忠率领军队追到定军山下，谋士法正考察了周围的地势之后，对黄忠说："定军山的西面有一座高山，名为对山，四面的山道崎岖艰险。在这座山上，能够充分观察到定军山上夏侯渊的虚实。我们如果能攻占这座山，再攻打定军山就易如反掌了。"黄忠也发现对面这座山的山顶比较平缓，山上驻扎的魏军人马也不是很多，就决定先攻打这座山。当天夜里，黄忠带领军士，趁着敌军防范松懈之际，突然敲鼓鸣锣，一直杀上山顶。把守此山的魏军将领杜袭只有几百人，望见黄忠大批人马一拥而上，知道难以抵挡，慌忙丢下营寨逃下山去了。黄忠轻松地占领了此山,正好和定军山相对,地势非常有利。法正又献计说:"将军您可以驻守在半山腰,我守住山顶。等夏侯渊来进攻时,我举起白旗,将军您就按兵不动;等他倦怠疏于防备之时,我就举起红旗,将军您领兵迅速冲下去。我们以逸待劳,一定能够大获全胜。"黄忠听后,连称妙计,依计而行,带领大部人马在半山腰扎下营寨。

杜袭丢了营寨逃回定军山,向夏侯渊说黄忠夺取了对面的山顶。夏侯渊听罢大怒,说:"黄忠既然占领了对山,不由得我不出战了!"张郃劝阻说:"这是他们的计谋,我们只宜坚守,不能出战。"夏侯渊说:"他占了我对面的山顶,我的军情虚实、一举一动尽在他的眼皮底下,我怎么能不出战呢?"张郃苦苦劝阻,夏侯渊就是不听,坚决出战。

夏侯渊领兵来到对山山下,让士兵大骂挑战。法正在山顶上树起白旗,任凭曹军在山下百般辱骂,黄忠只是坚守不出。中午过后,曹兵已经疲倦,锐气全无,大都下了战马,倚在石头旁休息,有的还昏昏欲睡。法正见时机成熟,迅速举起红旗。黄忠见山顶上竖起红旗,一声令下,蜀军大喊着冲下山来,夏侯渊措手不及,未及上马,黄忠已经来到面前,大喝一声,手起刀落,将夏侯渊连头带肩砍成两段。曹军大败,黄忠一举占领了定军山。

斯大林以逸待劳

1944年,二战的局势已经日渐明朗,苏、美、英等国军队在各条战线上节节胜利,法西斯德国败局已定。为了处理战后遗留问题,苏、美、英三国首脑决定举行一次会晤。当时,美国总统罗斯福的健康状况已经非常糟糕,因此他建议,会晤可以定在1945年春天天气变暖之后,那时他的身体状况就会好一些。

而此时斯大林却另有一番打算，他知道，谈判桌上的较量就是意志的较量，对于一个疲惫不堪、精力不支的人来说，是很难保持坚强的意志和耐力的。罗斯福目前身体虚弱，也就很容易产生焦躁、厌倦等情绪，这对于苏联在谈判中争取更大的利益来说，未尝不是一件好事。于是，他电告罗斯福说，由于现在形势紧迫，许多问题必须尽快解决，因此会谈的时间最迟只能推迟到1945年2月。

罗斯福觉得斯大林的理由没有什么不合理之处，只得同意了这个日期，但是他又提出，因为健康原因他只能坐船去参加会谈，为了节省时间，他希望会谈的地点离美国本土距离近一些，并尽量选在一个气候温和的地方。斯大林又一次拒绝了他的提议，坚决主张会谈应当在苏联控制的地区内举行，并将地点选在了黑海边上克里米亚半岛的小镇雅尔塔。

最终，还是罗斯福妥协了，他拖着病体坐船经过几十天的长途跋涉来到冰天雪地的雅尔塔。三国首脑到达之后，便开始了无休无止的会晤、谈判、宴会、酒会、晚会。仅会谈就进行了20次之多。紧张的日程令罗斯福疲惫不堪，几乎精疲力竭，最终体力不支，不得不草草结束会谈，对苏联做出了巨大妥协。

第五计　趁火打劫

【题解】

"趁火打劫"的原意为趁别人家因失火而忙乱的时候去抢劫，常用来比喻趁别人紧张危急的时候去捞取好处或趁机害人。此计用在军事斗争中，就是指趁敌人内部遭到灾害或其他困难而发生混乱时消灭敌人，这样往往会因为敌人无暇应战而轻易取胜。"趁火打劫"的关键就是要抓住敌人陷入困境的机会，必须掌握好时机，机会可能稍纵即逝；如果失去了，后悔也来不及了。

敌之害大①，就势取利②。刚决柔也③。

按：敌害在内，则劫其地；敌害在外，则劫其民；内外交害，败劫其国。如：越王乘吴国内蟹稻不遗种而谋攻之④，后卒乘吴北会诸侯于黄池之际⑤，国内空虚，因而捣之⑥，大获全胜。

【注释】

①害：祸患，灾害。　②就：凭借，趁着。势：形势，情势。
③刚决柔也：出自《易·夬》的象传，原文为："夬，决也，刚决柔

也。健而说,决而和。"意思是说,夬,就是明确而决断的意思,指阳刚者果断地清除阴柔者。态度刚健果决而行动让人心悦诚服,果断地除去阴柔者就会得到和谐。在这里,"刚决柔也"指稳定、强大的一方抓住时机,通过果断迅速的行动征服处于忧患之中的一方。　④越王:这里指春秋末年越国的国君勾践。越为古国名,其先祖为"禹之苗裔,而夏后帝少康之庶子"(《史记·越王勾践世家》),建都会稽(今浙江绍兴)。春秋时一度兴起,战国时被楚国所灭。越王勾践时,越国曾经被吴国打败,后经过励精图治、卧薪尝胆,最终消灭了吴国。事见《史记·越王勾践世家》。蟹稻不遗种:出自《国语·越语下》,原文作"稻蟹不遗种",形容吴国遭遇灾荒,田地荒芜,积蓄已经全无。　⑤吴北会诸侯于黄池:《史记·越王勾践世家》记载:"至明年春,吴王北会诸侯于黄池,吴国精兵从王,惟独老弱与太子留守。勾践复问范蠡,蠡曰'可矣'。乃发习流二千人,教士四万人,君子六千人,诸御千人,伐吴。吴师败,遂杀吴太子。吴告急于王,王方会诸侯于黄池,惧天下闻之,乃秘之。吴王已盟黄池,乃使人厚礼以请成越。越自度亦未能灭吴,乃与吴平。"又过了四年,越国再次发起伐吴战争,终于将吴国彻底消灭。黄池:春秋时地名,在今河南封丘西南。春秋初为卫地,后属宋。　⑥捣:冲击,攻打。

【译文】

敌方所遇到的困难和灾害比较大,我方可以趁此时机采取行动取得胜利。这就是稳定、强大的一方抓住时机,通过果断迅速的行动征服处于忧患之中的一方的道理。

按语:敌人内部出现了困难,就可以趁机谋取它的土地;敌人如果遇到了外患,就可以趁机掳掠它的人民;敌人如果处于内外交困之中,则可以占领、吞并它的国家。比如,春秋时期,越王勾践趁吴国国内发生了旱灾,连稻子和螃蟹都旱死的时机,计划消灭吴国,后来终于乘吴王夫差北上参加与诸侯举行的黄池之会,国内空虚之际,发动大军进攻吴国,结果大获全胜。

【战例】

李世民趁乱灭突厥

唐朝初年,突厥是北方边境的劲敌,经常南下袭扰,烧杀掳掠。北突厥颉利可汗时,任用汉人赵德言为突厥制定了许多典章制度。本来,突厥作为游牧民族,政令简单易行,来源于汉族的烦琐制度与他们的传统习俗产生了冲突,大臣们虽然不敢明确对抗,但内心里都非常反对。同时,颉利可汗还信任从西域来经商的商胡,对他们言听计从。这些商胡性格贪婪,并且不讲信义,鼓动颉利可汗连年对外用兵掠夺,突厥部众苦不堪言。再加上天灾,颉利可汗的收入不但没有因为掠夺而有大的改观,反而由于开支不断增大,只好加重对各部族的搜刮,引起民怨沸腾,许多部落公开反叛。

贞观元年,薛延陀、回纥、拔野古诸部纷纷叛离,颉利可汗派突利可汉讨伐,没有取胜,突利只带了少数骑兵逃脱。颉利非常生气,把突利关起来,对他进行惩罚,突利因此非常怨愤。当年突厥居住的地区大雪成灾,羊马多被冻死,老百姓发生饥荒,颉利可汗怕唐朝乘机发兵进攻,引兵进入朔州地区,扬言要攻打唐朝。朝廷的议事大臣们都觉得突厥这是不遵守以前签订的合约,劝李世民趁机讨伐他们。李世民说:"普通老百姓都知道不能不遵守信用,况且是一个国家呢?我既然与他们签订了盟约,哪能趁他们发生天灾的时候攻打他们呢?等到他们真的对我无礼之时,再发兵讨伐也不迟。"

第二年,突利与颉利之间的矛盾已经越来越深。突利的牙帐在幽州北面,主管突厥东部的事务。由于颉利可汗横征暴敛,原来臣服于突厥的奚、霫等部族都归降了唐朝。颉利因此而怪罪突利,再加上颉利多次征发突利的军队而突利没有从命,于是颉利发兵攻打突利,双方终于兵戎相见。突利向唐朝求救。李世民说:"我与颉利曾经结盟,又与突利有兄弟之约,不可不救,现在应当怎么办呢?"兵部尚书杜如晦说:"夷狄素来没有信用可言,我们虽然一直遵守和约,但他们却常常背叛,现在正好可以趁他们内部发生混乱之际攻打他们,这是他们自取灭亡啊。"于是李世民命将军周范壁率兵在太原见机行事,颉利也在边境布下了重兵。这时,有人提议修复古长城,征发老百姓充实边塞。李世民说:"突厥屡遭天灾,怪异现象层出不穷:盛夏时节就下了霜,五个太阳同时出来,三个月亮一起升上天空,原野中到处充满了红色的雾气。他们看见灾异而不赶紧加强自己的德行修养,这是他们不畏惧天。每年赶着牲畜迁徙无常,牲畜很多都死在路上,这是他们不利用地。突厥传统民俗人死了之后就烧掉,现在却改用土葬建起坟墓,这是他们违背父祖之命,轻慢鬼神。颉利与突利不睦,在国内自相残杀,这是他们不和睦亲人。他们有这四条,就没有不灭亡的道理,我马上就能发兵消灭了他们,还修什么防御设施呢?"

又过了一年,北方部族薛延陀的首领夷男被铁勒各部推举为可汗,夷男犹豫不决。唐太宗听说后,马上派人绕道赶往漠北,册封夷男为真珠毗伽可汗。夷男非常高兴,派人向唐朝进贡,成了突厥的又一个强敌。颉利可汗得到消息开始感到害怕,马上派人到唐朝表示臣服,并请求和亲。这时,恰好张公谨上书,陈述了可以进攻突厥的6个条件,说:"颉利纵欲肆凶,诛害善良,昵近小人,此主昏于上,可取一也。别部同罗、仆骨、回纥、延陀之属,皆自立君长,图为反噬,此众叛于下,可取二也。突利被疑,以轻骑免,拓设出讨,众败无余,欲谷丧师,无托足之地,此兵挫将败,可取三也。北方霜旱,廪粮乏绝,可取四也。颉利疏突厥,亲诸胡,胡性翻覆,大军临之,内必生变,可取五也。华人在北者甚众,比闻屯聚,保据山险,王师之出,当有应者,可取六也。"意思是说,颉利平时贪婪暴虐,杀害忠良,亲近小人,这是为君主者昏聩,是第一个可以战而胜之的条件;突厥的附属部族同罗、仆骨、回纥、薛延陀等都自立君长,图谋反叛,这是他们部众背离,是第二个可以战而胜之的条件;突利被怀疑,侥幸逃脱,拓设出征,几乎全军覆没,欲谷兵败,失去了立足之地,这是他们兵挫将败,是第三个可以战而胜之的条件;突厥地区天灾不断,粮食匮乏,这是第四个可以战而胜之的条件;颉利疏远突厥的亲族,亲近西域胡人,胡人反复无常,大军到了之后,一定会生内乱,这是可以战而胜之的第五个条件;汉人在突厥控制地区居住的有许多,大都聚众自保,占据着险要之地,我们前去征讨,一定会有人响应,这是可以战而胜之的第六个条件。李世民接受了张公谨的建议,决定对突厥用兵,拒绝了颉利可汗的请求。

于是,李世民命兵部尚书李靖进攻马邑,颉利败走,九个突厥将军率众投降,拔野古、仆骨、同罗、霫、奚等部族的首领都归顺唐朝。接着,又诏命并州都督李世勣出通漠道,李靖出定襄道,左武卫大将军柴绍出金河道,灵州大都督任城王道宗出大同道,幽州都督卫孝节出恒安道,营州都督薛万淑出畅武道,六路大军,十余万人马,一起出击突厥,各路人马都受李靖指挥。李道宗一路首先传来胜利的消息,灵州一战,打败突厥,俘获人畜万计,突利及郁射设、荫奈特勒率所部来投降。各路人马的捷报也纷纷传来,李世民对群臣说:"当初国家刚刚建立,太上皇(李渊)因为要安定百姓的缘故,顺从突厥,纳贡称臣,我常常为此感到痛心疾首,想终有一天要洗刷这一耻辱。今天诸将出兵,所向皆克,我的愿望终于要实现了!"

公元 630 年正月，李靖率军到达恶阳岭，夜袭颉利，颉利大惊，将牙帐迁到碛口，颉利亲信的商胡首领康苏蜜等带着此前逃到突厥的隋朝萧皇后和隋炀帝的孙子杨正道前来投降。颉利连连失败，退守铁山，人马仍有数万，同时派执失思力到长安来，低声下气地向唐太宗谢罪，请求归降。李世民命鸿胪卿唐俭、将军安脩仁等持节到颉利处传达诏命。李靖知道唐俭在突厥，颉利一定会放松警惕，于是发动袭击，一举将突厥部众全部俘虏。颉利有一匹千里马，独自一人跑到沙钵罗，结果被唐朝的行军副总管张宝相擒获。被突厥彻底被平定。

宋襄公泓水失战机

公元前 638 年 10 月底，楚军进攻宋国。宋襄公为阻击敌军深入，屯军于两国交界处的泓水以北，等待楚军到来。11 月 1 日，楚军已经全部集结到泓水南岸，并开始渡河。宋国的大司马公孙固见楚军力量强大，两军众寡悬殊，建议宋襄公说，乘楚军正在渡河，大部队到达河的中间时，宋军予以掩杀，一定能大获全胜。宋襄公听罢，皱起眉头想了想，说："这个办法好。可是我们的军队是仁义之师，怎么能乘人之危而图侥幸获胜呢？"就这样，宋襄公失去了痛击楚军的绝佳机会，楚军全部从容地渡过了泓水。

楚军过河后，需要重新组织队伍，布开阵势。正在布阵时，宋国的公子目夷又劝宋襄公说，现在楚军列阵未毕，组织混乱，正好乘机发动攻击。宋襄公仍然没有接受他的建议，说："不行，讲仁义的人怎么能攻击不成阵列的队伍呢？"于是第二次可以出击获胜的时机又白白浪费了。等楚军布好阵势后，宋襄公才下令击鼓向楚军进攻，而且身先士卒，亲自领兵冲杀。然而，正当宋军向楚军中军突进时，楚军的左右两翼突然向宋军包抄过来，宋军虽然奋勇反击，但无奈力量太过悬殊，宋军大败。在大司马公孙固的拼死掩护下，遭受重伤的宋襄公才突出重围，仓皇逃回宋国。

回到宋国后，许多大臣分析失利的原因时都埋怨宋襄公太糊涂，不该白白丧失战机。宋襄公不但没有吸取教训，反而振振有词地说："我们做君子要讲仁义道德，不能在敌人身处险境时去偷袭他们，不能捕捉头发花白的老兵作为俘虏，不能在敌人没有整顿好队伍之前就发起攻击。"公子目夷反驳他说："我方的国君不懂得战争，强大的敌人处于不利地形，这是老天爷在帮助我们，乘此机会发起进攻，不是最恰当的吗？何况即使抓住了机会，还怕不能取得胜利呢。对方的老兵即使头发花白了也是敌人，为什么不能俘虏呢？让强大的敌人摆好阵势后再和他们硬拼，简直就是自寻失败！"但是，宋襄公还是执迷不悟，并且对楚军的不讲道理耿耿于怀。

宋楚泓水之战，宋襄公由于迂腐至极而丧失战机，令自己的军队大败而回，已成为战争史上的笑话。《孙子兵法》中说：用兵作战，要乘敌混乱之机战胜它，即乘敌之危，就势取胜。机不可失，时不再来，如果让机会白白溜走了，后悔也没有用。

第六计　声东击西

【题解】

"声东击西"的原意是,从各种声势上判断要攻打东边,而最终实际上是攻打了西边。在军事斗争中,就是通过迷惑敌人,扰乱敌人的判断和部署,最终攻打敌人布防虚弱之处而一举获胜。宋代许洞《虎钤经·袭虚》中说:乘虚袭击敌人的战术有两条:一条是"因",一条是"诱"。所谓的"因",就是在敌人的主攻方向上,我方也摆出以全力应战的态势;而实际上,我方另外派遣精锐部队秘密地出现于敌人防御薄弱的地方,或者攻击敌人的营垒,或者切断敌人的后援,或者焚烧敌人的粮草储备。所谓"诱",就是我方打算夺取敌人的战略要地,但是我们不直接去攻打它,而是装作攻打它邻近的地区,大量地陈列进攻器具,广泛地展示军容的强大,以把敌人的主力引到这个敌方来;敌兵来了之后,不要与它交战,而是把军队收缩到壁垒中进行防守,偷偷地派精锐部队去袭击敌人所出兵的城邑,并将其占领。这两条战术,都是袭击敌人虚弱之处的方法。从"袭虚"的两条战术的具体表述中我们可以看到,这两个方法,其实都是运用了"声东击西"的原理。不论是"因"还是"诱",都是要使敌人的虚弱得不到加强,或者变得更虚弱,从而使我方顺利地实现军事行动的目的。

敌志乱萃①,不虞②,坤下兑上之象③。利其不自主而取之。

按:西汉,七国反④,周亚夫坚壁不战⑤。吴兵奔壁之东南陬⑥,亚夫使备西北;已而吴王精兵果攻西北,遂不得入。此敌志不乱,能自主也。汉末,朱儁围黄巾于宛⑦,起土山以临城内,鸣鼓攻其西南,黄巾悉众赴之,儁自将精兵五千,掩其东北,遂乘城虚而入。此敌志乱萃,不虞也⑧。然则声东击西之策,须视敌志乱否为定。乱,则胜;不乱,将自取败亡,险策也。

【注释】

①乱萃:指像丛生的野草一样乱成一团。萃,原指野草丛生的状态,后引申为聚集。《易·萃》的象传说:"'乃乱乃萃',其志乱也。"　②不虞:意料不到。　③坤下兑上:指《易》中的《萃》卦。在《易》中,坤为地,兑为泽,坤下兑上,呈一潭高出平地的积水之象,迟早必然溃决。这里形容处于混乱之中的军队必然要溃败。　④七国反:汉景帝时,吴王刘濞约合胶西王齐、淄川王贤、胶东王雄渠、济南王辟光、赵王遂、楚王戊一起发动叛乱,后被周亚夫等率兵平定。　⑤周亚夫:汉初功臣周勃的儿子,始封条侯,因战功后位至丞相。周亚夫向以治军严谨著称。　⑥陬(zōu):角,角落。　⑦朱儁:字公伟,东汉末年会稽上虞(今浙江上虞)人。曾和皇甫嵩等一起镇压黄巾起义军。黄巾:指东汉末年张角所领导的黄巾起义军,因起义军将士头裹黄巾而得名。宛(yuān):古地名,今河南南阳。　⑧虞:防范,防备。

【译文】

敌军的思维像丛生的杂草一样混乱,就不能正确判断军事斗争中事情的发生和发展。面对这样一种注定要溃败的状态,最有利的方案就是趁着他们失去正常判断能力和行动能力这一有利时机将其消灭。

按语:西汉景帝时,以吴王刘濞为首的七国发动叛乱,名将周亚夫在昌邑坚守城池,不与叛军进行交锋。叛军攻打城池的时候,派出大队人马来到城池的东南角,周亚夫却命令手下在西北角加强防范;过了一会儿之后,叛军的精兵果然前来西北角攻打,但由于城中事前防守严密,敌人只得无功而返。叛军之所以没有成功,就因为他们的对手意志没有发生混乱,保持清醒的头脑,做出了正确的判断。东汉末年,朱儁将黄巾起义军的一支包围在了宛城(今河南南阳一带),并在城外堆起了一座土山,借以观察城内的动静。攻城的时候,他首先派出一支军队,锣鼓喧天地去攻打城池的西南角。城中的起义军不知是计,将所有的军队都调来防守。朱儁乘势率精兵五千对城的东北角发起突袭,结果由于此处防守空虚,很轻松地就将城池拿下。朱儁之所以取得成功,是由于敌人意志已经混乱,没有做出正确的判断而加强防守。声东击西之策是否能够成功,关键要看敌人的心志是否产生了混乱。如果敌人心志混乱而被我们调动,这个计策就能够成功;如果敌人没有上当,我方却不知变通仍按原计划行事,则等于自取灭亡。所以说,这是一条非常冒险的计策。

【战例】

耿弇计胜张步

东汉初年,张步割据齐地,汉将耿弇前往征讨,张步手下将领费邑派自己的弟弟费敢守巨里。耿弇首先兵临巨里,让人砍伐树木，扬言用来填平坑堑以利于进军攻打。几天之后，有投降的人报告说费邑听说耿弇要攻打巨里，打算来救。耿弇于是严令军中赶快制造攻城的器具，并传令各部，三日后要全力攻打巨里城。同时，他命令放松对俘虏的看管，让他们有机会逃回去。逃回的人把耿弇攻城的日期告诉了费邑，费邑到了那天果然亲自率精兵三万余人来救。耿弇大喜，对诸将说："我之所以制造攻城器具，就是打算引费邑来。现在他来了，正是我所期望的。"于是他留三千人在巨里，自己领精兵到高岗上，居高临下进攻，大获全胜，费邑也被杀死了。接着，耿弇命令将费邑的首级给巨里城中的守军看，城中惊惶失措，费敢率众逃归张步去了。

当时张步驻扎在剧这个地方，让他的弟弟张蓝领精兵两万守在一个叫西安的地方，又令另一位将军率一万余人守临淄，两地相距大约四十里。耿弇进军画中，在二城之间。他看到西安城虽小，但很坚固，并且张蓝的人马也都是精兵，临淄城虽大，其实却很容易攻打。于是他传令众将士，五日后攻打西安。张蓝听说后，每天从早到晚都十分警惕。

等到约定攻城那天的夜半时分，耿弇命令将士们都匆匆吃了些东西，天亮之前感到临淄城。护军荀梁等人不理解，坚持认为应当速攻西安。耿弇解释说："你们的想法不对。西安的守军听说我们要来攻打，日夜精心防备；攻打临淄属于出其不意，那里的守军一定会惊惶失措，我们一天就能攻下它。攻克了临淄之后西安就孤立了，张蓝与张步两地隔绝，临淄失守后他们西安守军一定会弃城逃跑，去与张步汇合。所以说，攻打临淄等于攻打一座城得到两座城。如果先攻西安，一时半会肯定攻不下来，指挥军队死攻防守坚固的城池，死伤必多。即使能够攻克，张蓝引军败退到临淄，两下里合兵一处，将更难攻打。我军深入敌地，粮草运输非常不便，过上十天半月，即使不打仗也会陷入困境。你们的主张，都是不合时宜的。"于是攻打临淄，不到半天就攻克了，占领了临淄城。张蓝听说之后，非常害怕，果然率军弃城投奔张步去了。

第二套　敌战计

第七计　无中生有

【题解】

"无中生有"本来是道家的观点,原指万有本生于无。《老子》中说:"天下万物生于有,有生于无。"王弼注曰:"有之所始,以无为本。将欲全有,必反于无也。""无中生有"作为军事斗争中的计谋,其实就是通过虚实的相互变化,先用"虚"麻痹敌人,然后转"虚"为"实",击败对手。《孙子兵法·计篇》中说:"兵者,诡道也。"军事斗争就是谋略和战术的斗争,为了打击敌人,就要设法麻痹敌人、蒙蔽敌人、欺骗敌人。在中外战史上,利用示弱、示缓、示怯等"无中生有"的战术蒙蔽敌人,然后取得决定性胜利的战例比比皆是。

诳也①,非诳也,实其所诳也。少阴,太阴,太阳。

按:无而示有,诳也②。诳不可久而易觉,故无不可以终无。无中生有,则由诳而真,由虚而实矣。无不可以败敌,生有则败敌矣。如:令狐潮围雍丘③,张巡缚藁为人千余④,披黑衣,夜缒城下⑤;潮兵争射之,得箭数十万。其后复夜缒人,潮兵笑,不设备,乃以死士五百斫潮营⑥,焚垒幕⑦,追奔十余里。

【注释】

①诳:欺骗,欺诈,迷惑。　②诳:惑乱,欺骗。　③令狐潮:唐朝人,曾为雍丘县令,后依附安禄山叛军,被张巡击败。雍丘:地名,今河南杞县。　④张巡:唐邓州南阳(今河南南阳)人,天宝末年进士,曾任真源县令等职。安禄山叛乱,他起兵抗贼,先后守雍丘、睢阳等地,后被俘不屈而死。藁:稻、麦等的秸秆。　⑤缒(zhuī):以绳索拴人或物而下或上。　⑥死士:不怕牺牲的勇士。斫(zhuó):原意为用刀或斧等砍削,引申为袭击。　⑦垒幕:军营,营帐。垒,军壁,阵地上的防御工事,也代指军营。幕,帐幕,帐篷。

【译文】

制造假象迷惑敌人,并不以制造假象为目的,而是应当使虚最终变为实。用假象将敌人引入圈套,使其完全受到蒙蔽,然后采取出其不意的行动,取得胜利。

按语:本来是"无",却向敌人装出"有",这就是通过欺骗进行迷惑。欺骗不可能长久,长久了就会被人发觉,所以欺骗、迷惑不是目的,所装出的"无"不能永远停留在"无"的状态。"无"中生"有",就要将欺骗转化为真实,将虚假转化为实在。"无"本身不能够使敌人被打败,打败敌人的是从"无"中生出的"有"。比如,唐朝时,安禄山的部将令狐潮包围雍丘,守城的张巡命令守军扎了一千多个草人,都穿着黑色的衣服,趁着黑夜用绳子从城上放下来;令狐潮的士兵急忙用箭来射,结果城中得到了数十万支箭。不久之后,张巡又命人趁夜色从城上缒下一批人,令狐潮的士兵看了之后,以为又是假人,都哈哈大笑,根本没有防备。谁知这次张巡从城上放下来的是五百名勇士,他们从城上下来之后,迅速杀向令狐潮的大营,烧了敌人的营寨,一直追杀出十多里地。

【战例】

骊姬设计除申生

骊姬本来是骊戎人,晋献公攻打骊戎,俘获了骊姬,将其纳为妃子,深为宠爱。几年之后,骊姬生下儿子奚齐。献公于是有意废太子而立奚齐,就说:"曲沃吾先祖宗庙所在,而蒲边秦,屈边翟,不使诸子居之,我惧焉。"于是派太子申生居曲沃,公子重耳居蒲,公子夷吾居屈。献公与骊姬的儿子奚齐居绛。此次变动之后,晋国人都知道太子的地位已经不稳固了。

又过了十几年,奚齐已经慢慢长大了。献公私下里对骊姬说:"吾欲废太子,以奚齐代之。"此话虽然正中骊姬下怀,但她还是假装哭着对献公说:"太子之立,诸侯皆已知之,而数将兵,百姓附之,奈何以贱妾之故废嫡立庶?君必行之,妾自杀也。"骊姬表面上把太子赞扬了一番,而背地里却令人诽谤诬陷太子,打算把自己的儿子立为太子。

骊姬派人对太子说:"君梦见齐姜,太子速祭曲沃,归厘于君。"太子于是祭其母齐姜于曲沃,并把祭祀的酒肉进献给父亲献公。当时恰逢献公外出打猎,于是就把酒肉放在了宫中。骊姬派人偷偷地将毒药放置在酒肉之中。过了两天,献公打猎回来了,宫中的人把太子送来的酒肉进献给献公,献公刚想吃,骊姬从旁边制止了他,说:"胙所从来远,宜试之。"把酒泼在地上,地上鼓起一个包;把肉喂给狗吃,狗吃了之后就死了;把酒肉送给下面的人吃,吃过的人也马上死了。骊姬假惺惺地哭着说:"太子何忍也!其父而欲弑代之,况他人乎?且君老矣,旦暮之人,曾不能待而欲弑之!"又说:"太子所以然者,不过以妾及奚齐之故。妾愿子母辟之他国,若早自杀,毋徒使母子为太子所鱼肉也。始君欲废之,妾犹恨之;至于今,妾殊自失于此。"太子听到消息之后,知道有口难辩,逃到新城去了。献公大怒，杀了太子的师傅杜原款。不久之后，太子申生自杀于新城，公子重耳和夷吾也逃到了国外。最终，晋献公死后，骊姬的儿子奚齐如愿当上了国君。

第八计　暗渡陈仓

【题解】

"暗渡陈仓",又作"暗度陈仓",源于楚汉战争中韩信"明修栈道,暗渡陈仓"的战例。鸿门宴之后,刘邦率部退驻汉中,退走时,将汉中通往关中的栈道全部烧毁,以示自己不再返回关中的决心。实际上,刘邦并非要老死关中,此举仅仅是为了麻痹项羽,积蓄力量以争夺天下。公元前206年,刘邦力量已经强大,觉得可以向项羽发动进攻了,于是派韩信出兵东征。关于从何处出征,韩信颇动了一番脑子。他派出了许多士兵去修复栈道,做出经过栈道杀出的假象。关中守军得到消息之后,派出主力部队在这条路线的各个关口加强防守,并密切注视汉军修复栈道的进展,以随时迎击汉军的进攻。就在关中守军严阵以待的时候,而韩信的大军却已经绕道陈仓(今陕西宝鸡市陈仓区东),发动突然袭击,一举打败了章邯。后来,人们便把用明显的行动迷惑对方、使人不备的策略或暗地进行活动称为"明修栈道,暗渡陈仓"。

从本计解语中我们可以发现,"暗渡陈仓"和"声东击西"有相似之处,都是假装要在一个地方采取军事行动而实际上行动却是在另一个地方发起的,以此取得出其不意的效果。然而,二者还是有区别的。"声东击西"是通过自己的行动使敌军的思维产生混乱,不能正确判断事情的发生和发展,从而趁着他们失去正常判断能力和行动能力这一有利时机将其消灭;而"暗渡陈仓"则是故意把行动暴露给敌人,利用敌人被引诱而在一个地方固守的机会,偷偷地绕道到另一个地方发起真正的行动。也就是说,前者是使敌人"动",由动而乱,从而在乱中取胜;而后者则是使敌人"静",使敌人在判断错误而固守不动时,在其松懈的地方发起进攻。

示之以动,利其静而有主,益动而巽①。

按:奇出于正②,无正则不能出奇。不明修栈道③,则不能暗渡陈仓④。昔邓艾屯白水之北⑤;姜维遣廖化屯白水之南⑥,而结营焉。艾谓诸将曰:"维今卒还⑦,吾军少,法当来渡,而不作桥,此维使化持吾⑧,令不得还。必自东袭取洮城矣⑨。"艾即夜潜军,径到洮城。维果来渡。而艾先至,据城,得以不破。此则是姜维不善用暗渡陈仓之计,而邓艾察知其声东击西之谋也。

【注释】

①益动而巽:出自《易·益》的象传,原文说:"益动而巽,日进无疆。"巽,八卦之一,象征风。这里指像风一样乘隙而入,出奇制胜。　②奇出于正:所谓"奇",是指指挥作战所运用的"变法";"正",是指指挥作战所运用的"常法"。"奇正",是指指挥作战中常法与变法的灵活运用,奇兵与正兵的相互配合,其含义甚广,如先出为正、后出为奇,正面为正、侧翼为奇,明战为正、暗攻为奇,等等。"奇出于正",意思是说,军事斗争中的变法也应当从常法中来,不能主观臆想。　③栈道:在险

绝处傍山架木而成的一种道路。　④暗渡陈仓:《史记·高祖本纪》记载:"正月,项羽自立为西楚霸王,王梁、楚地九郡,都彭城。负约,更立沛公为汉王,王巴、蜀、汉中,都南郑。……汉王之国,项王使卒三万人从,楚与诸侯之慕从者数万人,从杜南入蚀中。去辄烧绝栈道,以备诸侯盗兵袭之,亦示项羽无东意。……八月,汉王用韩信之计,从故道还,袭雍王章邯。邯迎击汉陈仓,雍兵败,还走;止战好畤,又复败,走废丘。汉王遂定雍地。东至咸阳,引兵围雍王废丘,而遣诸将略定陇西、北地、上郡。"陈仓,古地名,在今陕西省宝鸡市东,是通向汉中的交通要道。后以"暗渡陈仓"指正面迷惑敌人,而从侧翼进行突然袭击的军事谋略。　⑤邓艾:三国义阳棘阳(今河南新野东北)人,因长期与蜀将姜维作战有功,被封为镇西将军,公元263年,率兵偷渡阴平,灭亡蜀国。后遭到陷害被杀。白水:河名,在今四川境内。　⑥姜维:字伯约,天水冀县(今甘肃甘谷)人。原为魏将,后归附诸葛亮。诸葛亮死后,他数次率兵伐魏,但均告失败。廖化:三国时蜀国将军,早年参加黄巾起义,后归降刘备,曾在关羽、诸葛亮、姜维等麾下为将,官至太守、刺史。　⑦卒(cù):突然。　⑧持:相持,对立,对抗。　⑨洮(táo)城:地名,今甘肃临潭。

【译文】

故意把行动暴露给敌人,利用敌人被引诱而在一个地方固守的机会,偷偷地绕到另一个地方发起真正的行动。

按语:军事斗争中的奇计必然出于正理,如果不合乎正理,就不能施用奇谋。就如同如果不明修栈道,就不能暗渡陈仓一样。三国时期,魏将邓艾屯兵于白水之北,蜀将姜维派廖化屯兵于白水之南,并且扎下了大营。邓艾对手下众将说:"姜维的大队人马突然到来,我军人少，按理说应当马上过河来进攻我们，但是他们却丝毫没有搭桥过河的意思，看来这是姜维派廖化来拖住我们，使我们不得回去。他自己一定领兵袭击洮城去了。"邓艾于是带领军队偷偷地连夜行军，赶回洮城。姜维果然前来袭击。由于邓艾先行赶到，做好了守城的准备，所以姜维攻城的计划落空了。这就是姜维不善于运用"暗渡陈仓"之计，而邓艾早已看透了他的"声东击西"之谋的结果。

【战例】

和珅设计邀宠

清朝乾隆年间的和珅是有名的大奸臣，深受乾隆宠爱，掌握朝中实权。在当权期间，和珅收受的贿赂不计其数。有一年陕西抚台派人押送20万白银来到和珅的府第。和珅府上的人问道："送的什么东西？"护送的人回答："足色纹银。"和珅的家人连看都不看一眼，说道："这样的粗货往哪里放！堆到外库去吧。"和珅府上听差的都不愿意收银子这样的"粗货"，可见其贪赃的程度。有些抚台知道和珅喜爱各色珍宝，就广泛搜罗奇异珍宝，以讨好和珅，以至于皇帝国库里都没有的珍宝，和珅家的库里倒有。

有一次，七阿哥不慎打破了一个碧玉盘，怕父皇怪罪，急得没法，他的异母姐姐和孝公主根据别人的指点，来请和珅帮忙。和珅起初不管，后来七阿哥送来一串珍珠，和珅才把自己家的一个拿出来给他，让他换上。

和珅不但喜欢收礼，而且对送礼也有研究。他送礼只有送给皇上，可是皇上什么都不缺，在别人看来简直没有办法。但这却难不倒和珅，他仍能曲径通幽，找出门路来。

和孝公主是乾隆第十个公主，也是最小的一个，乾隆非常疼爱她。十公主的性格和力气都不像一般的女孩子，她性格刚毅，据说10多岁就能拉开十石的硬弓。小的时候，她常常女扮男装，跟着父皇外出打猎。乾隆微服私访时,她也扮成男孩跟着去。乾隆对这个小女儿特别喜欢,对她提出的要求百依百顺。和珅为了讨好乾隆,就想方设法讨好这位十公主。

有一次,乾隆去圆明园游玩,和珅随驾,十公主也女扮男装一起前往。乾隆年间,每到新年,圆明园中设有一条买卖街。这条街上,凡一切应用之物,应有尽有。和珅跟随乾隆和十公主来到买卖街,并一边走一边看小公主喜欢什么。走到一家店铺门前,见有一件大红呢夹衣摆在那里。十公主看了,微微露出些喜欢的神色。十公主脸上这细微的变化,一般人不会看得出来,可没有逃过和珅这双善于察言观色的眼睛。转眼之间,他就去以28两黄金的高价把那件衣服买了下来,进献给公主。和珅知道,博得了十公主的欢心,也就是博得了乾隆的欢心。

和珅还用小恩小惠,收买在乾隆身边的一些太监。太监虽然地位低下,但他们天天进出宫中,可以经常与皇帝皇后接触。他们无意间的几句话,有时也会在皇帝和皇后面前起很大的作用,工于心计的和珅深谙此道。

和珅这样的大贪官,之所以一直备受乾隆的宠爱,就在于他工于心计,头脑机敏,善于利用各种途径和渠道博取乾隆的欢心。

第九计　隔岸观火

【题解】

"隔岸观火"一词来源于唐代僧人乾康的《投谒齐己》一诗："隔岸红尘忙似火,当轩青嶂冷如冰。"用在军事斗争中,就是当发现敌人内部有出现分裂倾向和斗争可能时,静待其变,可以用更小的损失赢得更大的利益。"隔岸观火"与"趁火打劫"的不同在于:后者是趁着敌方发生混乱之时,抓住时机消灭敌人;而前者则是当发现敌人内部有出现混乱的可能时,不要急于采取行动,静观其变,以使己方以最小的代价获得胜利。"隔岸观火"中所包含的道理,和"坐山观虎斗""鹬蚌相争,渔翁得利"等揭示的道理是一致的。当然,高明的战略家一方面运用"隔岸观火"的计谋伺机从敌人内部的混乱中获取利益,另一方面又尽量避免己方内部的纷争,以免敌人有机可乘。

阳乖序乱①,阴以待逆。暴戾恣睢②,其势自毙。顺以动豫,豫顺以动③。

按:乖气浮张,逼则受击,退而远之,则乱自起。昔袁尚、袁熙奔辽东④,尚有数千骑。初,辽东太守公孙康恃远不服⑤。及曹操破乌丸⑥,或说操遂征之⑦,尚兄弟可擒也。操曰:"吾方使康斩送尚、熙首来,不烦兵矣。"九月,操引兵自柳城还⑧,康即斩尚、熙,传其首。诸将问其故,操曰:"彼素畏尚等,吾急之,则并力;缓之,则相图,其势然也。"或曰:此兵书火攻之道也,按兵书《火攻篇》前段言火攻之法⑨,后段言慎动之理,与隔岸观火之意,亦相吻合。

【注释】

①乖:违背,背离。　②暴戾恣睢:残暴凶狠,恣意横行。戾,暴虐,暴戾。恣,放纵,放肆。睢,恣意。　③顺以动豫,豫顺以动:出自《易·豫》的象传,原文是:"豫,刚应而志行,顺以动,豫。豫顺以动。"　④袁尚、袁熙:袁绍的两个儿子,被曹操打败之后,投奔辽东太守公孙康,后被公孙康所杀。　⑤公孙康:东汉末年辽东太守,公孙度的儿子。　⑥乌丸:又作"乌桓"。我国古时北方少数民族名,原是东胡族的一支,西汉初年被匈奴所逼,迁移到乌桓山,因以为名。东汉建安十二年被曹操所破,于是衰落。　⑦说(shuì):劝说。遂:前进,前往。　⑧柳城:地名,在今辽宁朝阳。　⑨兵书:这里指《孙子兵法》。

【译文】

敌人内部分裂,出现秩序混乱,我方可坐待敌方出现暴乱。残暴凶狠,恣意横行,结果必然导致自己灭亡。这就是顺时以动,等待令人满意的结果,令人满意的结果的出现是因为能够顺时以动。

按语:敌人内部出现分裂争斗的迹象之时,如果过于逼迫就会受到他们联合奋力反击,而远远地退开,他们内部就会发生混乱。例如,曹操击败了袁尚、袁熙之后,他们二人逃往辽东,还有几千人马。从前的时候,辽东太守公孙康曾经凭借地理位置距离中原比较遥远,不服从曹操的命令。等到曹操打败乌丸之后,有人劝说他趁势将公孙康一举消灭,同时也可以把袁氏兄弟抓获,免除后患。曹操却说:"我正要让公孙康自己把袁尚和袁熙杀掉,将他们的首级送到我的营中,不用兴师动众。"当年九月,曹操从柳城退兵,不久之后,公孙康就把袁尚和袁熙杀了,把他们的首级送了来。众将问曹操其中的奥秘。曹操说:"公孙康平时对袁尚非常畏惧,如果我急着攻打他们,他们就会联合起来对付我;如果我给他们喘息的机会,他们必然就会发生内讧,自相残杀。这是形势使他们这样做的。"有人说,这就是《孙子兵法》中的火攻之道。《孙子兵法·火攻篇》的前半部分说的是火攻的方法,后半部分说的则是谨慎采取行动的道理,这与"隔岸观火"这一计谋,是相吻合的。

【战例】

坐山观虎斗

战国时期,韩国和魏国互相攻伐,打了整整一年,还没有分出胜负。秦惠王想做个中间人,劝说他们停止战争。他召来群臣问道:"我想使韩魏两国停火,诸位以为如何?"这时,有个楚国来的客卿,名叫陈轸,他没有直接回答秦王的问题,而是问他:"请问大王想统一天下吗?"秦王说:"当然想,您有什么妙计吗?"陈轸说:"妙计倒没有,我有一个'卞庄子刺虎'的故事,不妨讲给您听听,也许对您有所启发。"秦王说:"很好,你讲吧。"陈轸说,春秋时期,鲁国有个武艺高强的人,名叫卞庄子。有一天,他路过一个地方,听说当地有两只老虎,经常出来伤害禽畜,甚至曾经咬伤、咬死人。卞庄子决定为民除害,带了一把青铜剑,就要进山去打虎。他所住的旅店里的一个小伙计，也要陪他同去。两人走到一个山谷里，终于发现了一大一小两只老虎，它们正在吃一头牛。卞庄子拔剑就要冲上去。小伙计说："您先不要性急。你看，它们正在津津有味地吃牛肉，吃到最后一定会相互争夺，一争夺就必定会互相撕咬起来。如果一只被咬死，一只被咬伤，这时你再冲上去，对付一只受伤的老虎，难道不比同时对付两只健壮的老虎容易得多吗？"卞庄子认为他说得有理，两人就在树丛里隐蔽了起来。过了一会儿，两只老虎果然争斗起来，打得石头乱滚，尘土飞扬。渐渐地，小老虎支持不住了，咽喉处被大老虎咬破，便死去了。大老虎也遍体鳞伤，倒在地上动弹不得。这时候，卞庄子猛扑过去，一剑刺中老虎的要害部位。老虎长啸一声，连反抗都没来得及就断气了。陈轸讲完故事后，对秦王说："如今，韩国和魏国打作一团，已经一年了还没有停止。如果他们继续打下去，损伤必定都会很大。您如果想完成统一天下的大业，就让他们继续打下去，到他们元气大伤的时候，再派兵去征讨他们。这样就能像卞庄子刺虎那样，一举两得。"

秦惠王于是放弃了劝和的打算。最后，魏国和韩国都损失惨重的时候，秦国的军队像潮水般地涌去，一下子就夺了两国的好几个城池。在这里，陈轸利用"坐山观虎斗"的故事向秦王所阐明的，就是"隔岸观火"的道理。

鹬蚌相争，渔翁得利

《战国策》中记载：赵国将发兵攻打燕国，苏代作为燕王的使者去游说赵惠文王，他向赵惠文王讲了一个"鹬蚌相争"的故事。苏代说："我来贵国的时候路过易水，看见一只河蚌正在沙滩上张开壳晒太阳，正巧被一只鹬鸟看见了，就伸出长长的嘴去咬河蚌的肉。河蚌一下子闭上壳，夹住了鹬鸟的嘴。鹬鸟说：'有本事你就不要把壳松开。今天不下雨,明天不下雨,就会把你干死。'河蚌则说:'我今天不松开,明天不松开,就会把你饿死。'它们谁也不肯相让,结果一个老渔翁走过来,把它俩一起抓住放进了鱼篓里。现在赵国要去攻打燕国,假若两国相持不下,强秦就要坐收渔翁之力了!"赵王觉得他说得有道理,于是停止了攻燕。

第十计　笑里藏刀

【题解】

"笑里藏刀"又作"笑中有刀",本来是用来形容唐代的奸臣李义府的。《旧唐书·李义府传》中说:"义府貌状温恭,与人语必嬉怡微笑,而褊忌阴贼,既处权要,欲人附己,微忤意者,辄加倾陷,故时人言义府笑中有刀。"《新唐书·奸臣传上·李义府》中也有类似的记载。白居易《天可度》诗中则有"君不见李义府之辈笑欣欣,笑中有刀潜杀人"的句子。后来人们常用"笑里藏刀"比喻外表和善而内心阴险的人,或有害而不易察觉的事物。作为军事斗争的计谋,"笑里藏刀"则是指用故意示好等方式来麻痹对方,在对方放松警惕后采取果断的行动。

信而安之,阴以图之,备而后动,勿使有变。刚中柔外也①。

按:兵书云:"辞卑而益备者,进也……无约而请和者,谋也。"②故凡敌人之巧言令色③,皆杀机之外露也④。宋曹武穆玮知渭州⑤,号令明肃,西人惮之。一日,方召诸将饮,会有叛卒数千,亡奔夏境。堠骑报至⑥,诸将相顾失色。公言笑如平时,徐谓骑曰:"吾命也,汝勿显言。"西夏人闻之,以为袭己,尽杀之。此临机应变之用也。若勾践之事夫差,则意使其久而安之矣。

【注释】

①刚中柔外:指内心、暗中强硬,外表、表面柔顺。　②兵书云:"辞卑而益备者,进也……无约而请和者,谋也":出自《孙子兵法·行军篇》。辞,言词。卑,谦恭、谦卑。益,加强。约,困穷,窘迫。陈皞注曰:"两国之师,或侵或伐,彼我皆未屈弱,而无故请和好者,此必敌人国内有忧危之事,欲为苟且暂安之计;不然,则知我有可图之势,欲使不疑,先求和好,然后乘我不备,而来取也。"-说"约"为质盟之约。李筌曰:"无质盟之约请和者,必有谋于人。田单诈骑劫,纪信诳项羽,即其义也。"今从前说。　③巧言令色:指用花言巧语和假作媚态来迷惑、取悦他人。　④杀机:指欲加杀害之心。　⑤曹武穆玮:曹玮,北宋名将,开国功臣曹彬的儿子,镇守边疆四十余年,屡立战功,死后谥"武穆"。渭州:今甘肃、宁夏一带。北宋时为与西夏作战的前线。　⑥堠(hòu)骑:专门从事侦察工作的骑兵。堠,古代用于瞭望敌情的土堡。

【译文】

使敌人相信我方而放松警惕,我方暗地里进行周密的谋划,准备充分之后采取行动,不要使计划出现意外的变化。这就是所谓的内心果决,外表柔和。

按语:《孙子兵法》有云:"敌人言辞谦卑军队却又在加紧战备的,是准备向我方进攻;……敌人没有陷入困境而来讲和的,是另有阴谋。"所以一般来说,凡是敌人花言巧语,都是内藏杀机的表现。北宋真宗年间,曹玮镇守渭州(今甘肃、宁夏境内),与西夏对峙。由于他号令严明,军纪整肃,所以西夏人非常畏惧他。一天,曹玮正在与众将饮酒,恰好有一千多名士兵发动叛乱,逃到西夏一方去了。负责侦察的士兵进来报告了这一情况,众将都大惊失色,面面相觑。只有曹玮仍然谈笑自如,慢慢地对侦察兵说:"那是我命令他们去的,你不要把这消息传出去。"西夏人听到消息之后,以为这些人是来伺机袭击自己的,就把他们都杀了。这就是"笑里藏刀"之计在临机应变中的运用。而像勾践尽心竭力地侍奉夫差,他的意图则是为了使其长久之后失去戒备。

【战例】

石勒设计除王浚

西晋时,羯族人石勒起兵反晋,投奔到匈奴人刘渊手下,并逐渐掌握了军权。羽翼丰满之后,他便想自己成就霸业,统一北方,自立为王。

如果要统一北方,石勒必须要清除的两股力量就是西晋的并州刺史刘琨和幽州刺史王浚。当时,王浚虽然名义上是西晋的大臣,但却像朝廷一样自己设置百官,奢纵淫虐,石勒把吞并的矛头首先对准了他。于是,他与谋士张宾计议此事。张宾说:"王浚仗着自己的力量强大,虽然表面上自称是晋朝的地方大员,但实际上怀有僭逆之心。因此,他必然想有英雄豪杰与自己齐心协力,共图大业。将军您威声震于海内,就当今的形势看,您如果投奔哪个国家,哪个国家就能存;如果背离哪个国家,哪个国家就要亡;您所在的国家一定会强大,所离开的国家一定会削弱。王浚现在企盼您,就像当年楚霸王想要招揽韩信一样。如果咱们现在仅仅像一般人所做的那样,派个使者到他那里去通好,看不出诚心诚意,反而会使他心生猜疑,暴露出咱们对他有所图谋,即使日后有奇略,也无从施展了。自古成就大事的人一定要先自甘卑下,我们应当向王浚自称藩属,推奉他为君主。即使这样做还怕难以取得他的信任,更何况像当初晋朝和东吴对立时羊祜和陆抗一样只是互通书信呢。"石勒说:"您分析得很在理啊!就按您的意思办吧。"

于是,石勒便派舍人王子春和董肇等带着奇珍异宝等丰厚的礼物,上表推奉王浚为天子,说:"石勒我本来是个不值一提的胡人,是边远的羯族的后裔,正赶上晋朝朝纲废弛,天下饥荒战乱,流离困顿,为了活命流窜到冀州,不过想互相聚集以保存性命罢了。如今晋朝的福祚已经沦夷,远传吴、会,中原没有了主人,苍生失去了依靠。明公您是地方上的显贵望族,四海推崇仰望,当今天下可以为帝王的,除了您还能有谁呢?石勒我之所以捐弃身家性命,兴义兵除暴乱的原因,正是为明公您驱除祸患障碍。希望您能够应天顺时,践登帝位。石勒我愿意如天地父母般奉戴明公。明公您应当体察我的一片心意,像对待儿子一样慈爱地对待我。"在给王浚上表送礼的同时,石勒还给他手下的枣嵩等人都写了信并送了厚礼。

王浚接到石勒的表章,对王子春等人说:"石公是当今之世的英武豪杰,占据了赵国的旧都,与我成鼎峙之势,为什么贬低自己对我自称藩属呢?难道这可以相信吗?"王子春回答说:"石将军英才盖世,兵马强盛,确实如您所说。他所希望的是凭借明公您的高贵的声望,能够使自己代代都稳据一方,威名远播天下,让四方的胡、越、戎、夷等民族都敬仰他的风范,歌颂他的功德,难道他会为了占据了一块巴掌大的小地方而敢于不对您俯首听命吗?当初陈婴不称王,难道是因为鄙视王位吗?韩信不称帝,是因为菲薄帝名吗?都不是,只不过他们都知道帝王是不能够仅仅靠智慧和力量去争取的罢了。石将军与明公您比起来,就如同月亮之比太阳,江河之比海洋。项羽、子阳的前车之鉴还在。这是石将军的见识超群的结果,明公您有什么可奇怪的呢?况且自古以来,身为胡人而成为名臣的人确实是有的,但成为帝王的人从来没有过。石将军并不是因为厌恶帝王的位子而把它让给您,只是考虑到如果自己取得了天下,一定不会得到上天和人民的许可罢了。请您不要有所怀疑。"王浚听后大喜,封王子春等人都为列侯,派遣使者回报石勒,并用地方土产报答石勒的厚礼。王浚的司马游统当时镇守范阳,暗地里打算背叛王浚,派遣使臣来向石勒请降。石勒杀掉了来使,并送给王浚,以表自己的诚意。王浚虽然没有惩罚游统,但更加相信石勒的忠诚,不再产生任何怀疑了。

王子春等与王浚的使者来到时,石勒命令把精锐的士卒和精良的武器都藏匿起来,向来使展示空虚的府库和羸弱的军队,向北面拜谒使者并接受了王浚的书信。王浚送给石勒一支麈尾,石勒假装根本不敢用手去碰的样子,将其挂在墙上,每天早晨和晚上都要对其叩拜,说:"我见不得王公,看见王公赐给我的东西就像看到了王公一样。"他又令董肇再一次奉表到王浚那里去,希望亲自到幽州去奉王浚为帝。同时给枣嵩写了一封信,请求担任并州牧、广平公,以显示对王浚的万分忠诚。

石勒将要吞并王浚,详细地向王子春询问幽州的情况。王子春说:"幽州自从去岁的水灾之后,百姓们的粮食颗粒皆无,王浚囤积了上百万石的粮食,却不拿出来抚恤百姓。他的刑罚严酷苛刻,赋税徭役繁杂沉重。他还残害贤良之士,驱逐进谏之臣,百姓不堪忍受,流离叛乱殆尽。鲜卑、乌丸在外离心离德,枣嵩、田矫在内贪暴蛮横,弄得人心沮丧纷乱,士兵羸弱疲敝。王浚不但看不到自己的内忧外患,反而仍然建造台阁,设置百官,自称汉高祖刘邦、魏武帝曹操都不足以和他相提并论。并且,幽州有一些谣言非常怪异奇特,听到的人都非常寒心,王浚却泰然自若,从来没有害怕的意思。这些都表明,他离灭亡不远了。"石勒听后抚几大笑,说:"王浚现在真的要被我擒获了。"王浚派到石勒处的使者回到幽州,把从石勒那里看到的形势寡弱、热情款待、毫无二心等情况向王浚一一禀报。王浚非常高兴,认为石勒很可信。

  石勒集合士兵约定日期,准备袭击王浚,但由于害怕刘琨和鲜卑、乌丸等为其后患,一直处于犹豫不决之中。张宾进言说:"凡是袭击敌国这样的事情,都讲究出其不意。现在我军军令这么长时间还没有传达下去,难道您是对三部有顾虑吗?"石勒说:"是这样,我们应该怎么办呢?"张宾说:"王浚占据幽州,原本倚仗着三部的力量,如今三部都已经离叛了他,并且自此成了寇雠,这样的话他们外面就没有什么援兵可以抵抗我们了。目前幽州正处于饥荒之中,人人都以野菜度日,王浚众叛亲离,士卒又少又弱,这样的话他们内部也就没有强兵可以与我们对抗了。我们的大军如果到达了他的郊外,他的势力必将土崩瓦解。如今三方不需平定,将军您就可以行军千里征伐幽州了。我们如果轻军往返幽州,用不了二十天。即使这期间三方有所行动,我们很快就能赶回来。军事行动应当抓住时机迅速出击,不要贻误了战机啊。况且刘琨和王浚虽然名义上都是晋朝的藩属,实际上却是仇敌。我们如果写一封信送给刘琨,送去人质向他请和,刘琨一定非常乐意能够与我们合作,庆幸王浚被消灭,不会为了救王浚而袭击我们。"石勒说:"我所不清楚的事情,您都已经为我考虑清楚了,我还有什么可疑惑的呢!"

  于是石勒率军轻骑袭击幽州,晚上也要执着火把行军。大军到了柏人,杀了主簿游纶,原因是他的哥哥游统在范阳,怕他泄漏了行军的计划。同时派张虑去给刘琨送信,信中说自己曾经犯过很深重的错误,现在要通过讨伐王浚这个行动来将功补过。刘琨因为平日里非常憎恶王浚,所以接到石勒的书信后就下令所属各州郡,说石勒幡然悔悟,改正了多年的错误,希望能够攻克幽州,为将来的出路立些功勋,现在我们要接受他的请求,各州郡要接受命令与他和解。石勒的大军到达易水,王浚的督护孙纬派人快马禀报王浚,并打算率兵抗击石勒,本来就想投靠石勒的游统阻止了他。王浚手下的将佐听说石勒前来进犯之后,都请求出去迎击,王浚却怒斥他们说:"石将军这次前来,是为了拥戴敬奉我,谁再说迎击则斩首!"于是命人设下酒宴等待石勒的到来。

石勒早上到达了城下,喝令守门的士兵开门。大门打开之后,他害怕会有伏兵,先驱赶着牛羊数千头,声称作为见面礼,实际上是为了堵塞街巷,即使有伏兵也让他们出不来。王浚这时才开始害怕,紧张得坐立不安。石勒带兵进入王浚的府第,命甲士抓住王浚,押到了自己面前,让徐光责备王浚说:"你身为晋朝的重臣,位列上公,占据着幽州这样的兵强马壮之地,跨越燕地这样的骑兵骁勇之乡,手握强兵,坐观京师倾覆,不去解救天子,还打算自己称帝。你又专门任用奸暴之徒,杀害忠良,放纵私欲,肆无忌惮,整个燕地备受你的荼毒。是你自己把自己弄到了今天这个地步,并不能责怪天意不公啊!"

占领幽州之后,石勒命人把王浚押到他的根据地襄国,将其斩首示众。

严嵩排挤夏言

明朝嘉靖年间,夏言是朝廷的重臣,深为皇帝所器重。当夏言已经担任了礼部尚书时,严嵩还在翰林院任低级职务,他打听到夏言与自己是江西同乡,就想利用老乡这层关系,设法去接近夏言,用他作为自己往上爬的阶梯。但因为两人并不相识,严嵩几次前往夏府求见，都被轰了出来。

严嵩却不因此而死心，他准备了酒筵，亲自到夏府去邀请夏言。夏言根本没有把严嵩放在眼里，推辞不见。严嵩就在堂前跪下来，一遍一遍地高声朗读自己带来的请柬。夏言终于被感动了，开门将严嵩扶起，慨然赴宴。严嵩特别珍惜这次来之不易的机会，在宴席上使出浑身解数取悦夏言，给夏言留下了极好的印象。从此，夏言很器重严嵩，一再提拔他，一直把他提拔到礼部左侍郎，获得了直接接近皇帝的机会。几年之后，已升任内阁首辅的夏言又推荐严嵩继任礼部尚书，位列六卿。夏言甚至还曾经向皇帝提出，将来让严嵩做首辅位置的接班人。至此，严嵩仍然不露一点锋芒，对夏言还同原来一样俯首帖耳，耐心地等待时机。但是，他一直在暗中寻找、制造机会，企图将夏言一下子打倒。

嘉靖皇帝迷信道教。有一次，他命人制作了五顶香叶冠，分别赐给几位宠臣。夏言一向反对迷信活动，不肯接受。而严嵩却在皇帝召见时，不但把香叶冠戴上，还在外边郑重地罩上轻纱。皇帝对严嵩的这一举动非常满意，却对夏言大为不满。为了讨得上天的欢心，在嘉靖皇帝眼里，写青词竟然成了一件头等的政治大事。所谓青词，就是用朱笔把歌颂玉皇大帝的赞词，写在青色的符纸上，在祭坛上焚化，天上的玉帝接受了这些谄媚讨好后，就会发善心，降下福祉来。嘉靖皇帝对此特别重视，青词写得好坏，是他挑选大臣的重要标准之一。而严嵩与夏言比起来，在撰写青词方面也让皇帝颇为满意。于是严嵩抓住这个机会，在写青词方面大加研究；同时还迎合皇上心意，积极配合他的道教迷信活动。皇帝越来越满意严嵩而疏远夏言了。

严嵩看到皇帝对夏言越来越不满，知道时机已到，马上一改往日的谦卑，勾结皇帝所宠幸的道士陶仲文，一起在皇帝面前添油加醋地说夏言的坏话。一天，严嵩单独去见嘉靖皇帝，皇帝与他谈及夏言，并且询问起他们二人之间的关系。皇帝这一漫不经心的询问，似乎勾起了严嵩的满腹委屈，严嵩马上全身颤抖，匍匐在地，放声痛哭。皇帝见这个六十多岁的老头子哭得如此伤心，心想他一定有莫大的冤屈，于是连连催问。看见皇帝对自己产生了怜悯，严嵩反而哭得更厉害了。皇帝一见此情此景，一边好言安慰他，一边鼓励严嵩有什么话大胆说出来，自己替他做主。这时，严嵩才渐渐止住哭声，将平时所搜集到的所谓夏言的种种罪状，添枝加叶地一一列举出来。一直说到嘉靖皇帝勃然大怒，立刻下令，罢免夏言的一切官职，由严嵩取而代之。

第十一计　李代桃僵

【题解】

计名出自《乐府诗集·相和歌辞三·鸡鸣》:"桃在露井上,李树生桃旁,虫来啮桃根,李树代桃僵。树木身相代,兄弟还相忘!""李代桃僵"原以桃李指能共患难,比喻弟兄应能同甘苦。而作为军事斗争的计谋,则是指能够通过小的损失获取大的利益。有句谚语说:谁笑到最后,谁笑得最好。在军事斗争中,最后的结果是最重要的,有时候尽管过程中会出现很多波折,或者不得不采取退让的态度,但只有取得了最后的胜利,才能说明军事行动成功了。否则,过程中再辉煌,如果最后功亏一篑,也是毫无意义的。而要取得最后的胜利,就不要拘泥于一时一事的得失。

势必有损,损阴以益阳①。

按:我敌之情,各有长短②。战争之事,难得全胜,而胜负之决,即在长短之相较。乃有以短胜长之秘诀。如以下驷敌上驷,以上驷敌中驷,以中驷敌下驷之类③。则诚兵家独具之诡谋,非常理之可推测也。

【注释】

①损阴以益阳:"阴"、"阳"这里指局部和全局。 ②长短:指优势和劣势。 ③以下驷敌上驷,以上驷敌中驷,以中驷敌下驷:这里所举的事例是战国时期孙膑关于赛马的理论。《史记·孙子吴起列传》记载:"忌数与齐诸公子驰逐重射。孙子见其马足不甚相远,马有上、中、下辈。于是孙子谓田忌曰:'君弟重射,臣能令君胜。'田忌信然之,与王及诸公子逐射千金。及临质,孙子曰:'今以君之下驷与彼上驷,取君上驷与彼中驷,取君中驷与彼下驷。'既驰三辈毕,而田忌一不胜而再胜,卒得王千金。"驷,古代一车套四马,因此以"驷"称驾一车之四马或四马所驾之车,也泛指马匹。上驷、中驷、下驷,分别指上等马、中等马和下等马。

【译文】

如果一定要有所损失,就要尽量通过局部的损失来使全局获得优势。

按语:敌我双方力量的对比,各有优势和劣势。通过军事斗争争夺利益这样的事情,很难达到一方完全压倒另一方的全胜状态,而双方最终的胜败,就在于优势和劣势的较量。在较量中,也有以劣胜优的诀窍。就像孙膑赛马一样,用自己的下等马与对方的上等马比赛,用自己的上等马与对方的中等马比赛,用自己的中等马与对方的下等马比赛。这是兵家所独有的处理问题的谋略,不是一般的推理所能理解的。

【战例】

赵氏孤儿

晋景公三年,司寇屠岸贾打算诛杀相国赵盾的后代和家人。将军韩厥听到消息,急忙告诉了赵盾的儿子赵朔,劝他赶快逃走。赵朔不肯，说："只要你能替我保存下后代，我即使死了也没有什么遗憾了。"韩厥答应了他的要求。不久，屠岸贾果然下手了，率领大军包围赵朔的下宫，将赵朔、赵同、赵括、赵婴齐，以及赵家300多口老老少少，全部杀死。

赵朔的妻子是晋国国君的姐姐，已经怀有几个月的身孕，赵家蒙祸时，她躲进了王宫才幸而免祸。

赵朔有个门客，名叫公孙杵臼。赵朔被害之后，公孙杵臼对赵朔的好朋友程婴说："赵朔生前和你的关系那么亲近，对我们那么好，现在他遇难了，咱们为什么不为他殉难而死呢？"程婴说："赵朔的妻子有一个遗腹子，我想等孩子出生。如果是个男孩，我打算把他养大；如果是个女孩，我们再死也不迟。"过了不久，赵朔的妻子生下孩子，是个男孩。屠岸贾听说之后，带人到宫中搜查，打算彻底斩草除根。夫人将孩子藏起来，他们没有搜到。

屠岸贾走了之后，程婴对公孙杵臼说："今天他没有搜到，肯定还会再来，这样迟早会被他找到，我们该怎么办？"公孙杵臼说："将孤儿抚养成人和死比起来，哪个更难？"程婴说："当然是死容易，将孤儿抚养成人难。"公孙杵臼说："孩子的父亲对你非常好，那你就勉为其难吧；我来做更容易的事情，请让我先死。"

于是，两个人经过精心地谋划，找来一个和赵氏孤儿出生时间差不多的孩子，藏在山中。然后，程婴出来，对屠岸贾及其手下的众人说："程婴我没有本事，不能将赵氏孤儿抚养成人。谁能给我一千两金子，我就告诉他赵氏孤儿的下落。"屠岸贾等人听了大喜，答应了他提出的要求，然后派了一支军队跟随程婴一起到山中寻找公孙杵臼和赵氏孤儿。程婴等人来到之后，公孙杵臼装出非常气愤的样子，大骂程婴，说："程婴啊程婴！你真是个小人啊！当初下宫之难中你不肯一起殉难，与我一起谋划藏匿赵氏孤儿，现在你又出卖了我。即使你不能把他抚养成人,难道就忍心出卖我们吗!"接着,他又抱起孩子大呼道:"苍天啊!苍天啊!赵氏孤儿有什么罪过啊?请让他活下来吧,把我公孙杵臼杀了还不行吗?"屠岸贾一伙当然不会只杀掉公孙杵臼而留下赵氏孤儿,于是一拥而上,把他们都杀掉了。他们以为赵氏孤儿真的已经死了,都非常高兴。事实上,真正的赵氏孤儿被程婴带着,一起藏进深山里去了。

过了十五年,赵氏孤儿长大,取名赵武。韩厥借机把当初赵家的冤情和赵氏孤儿的情况都告诉了晋景公。晋景公与韩厥计划重新立赵氏孤儿为赵朔的继承人,于是派人把孩子找来,藏在宫中。然后,以进宫探望晋景公的病情为命,召集原来和屠岸贾一起攻杀赵氏的诸将来宫中,晋景公于是命令韩厥手下的将士控制了诸将,让他们拜见赵氏孤儿。诸将不得已,纷纷开脱说:"当初围攻赵家的下宫之难,都是屠岸贾指使。他假传君命,我们才和他一起去杀害赵朔一家。如果不是这样,谁敢做这种大逆不道的事情!现在我们愿意一起立这个孩子为赵家的继承人。大王您的命令,其实也正是我们愿意做的。"于是,这帮人又与程婴、赵武一起进攻屠岸贾,将他满门全部杀掉。晋君又下令将原来赵朔的封地全部交给赵武。

狄仁杰蒙冤脱险

武则天当政的时候,礼部尚书狄仁杰等五人被来俊臣诬陷控告。来俊臣是当时有名的酷吏,为了使被诬陷的人认罪,他不但善于使用各种酷刑,而且为了引诱被控告的人自己主动承认罪状,他规定,只要一审问就马上承认罪状的,就等同于自首,可以从轻判罪。

第一次提审狄仁杰,狄仁杰就马上招认说:"大周改朝换代,一切都是新的。但我因为是唐室的旧臣，所以甘心顺从他们反叛，反周是事实。"狄仁杰老老实实地就承认了自己的罪状，来俊臣对他的防范就松懈了。

狄仁杰承认了谋反的罪行，司法官将择日行刑，不再对他严加提防。狄仁杰趁机向准备自述罪状的人借来笔砚，写了一张诉状，缝在棉衣中，然后对看守的人说："现在天气热了，我想让家人拿走棉衣，去掉里面的棉花。请大人恩准。"看守的人报告上去，没有人对此表示怀疑。狄仁杰很轻松地便将诉状交给了家里人。家中得到衣服中的诉状，狄仁杰的儿子马上拿着到武则天处告状，武则天召见了他。

武则天看了狄仁杰的诉状，心中产生了怀疑，就召来俊臣问道："你说狄仁杰等已经认罪，现在他的子弟为什么又来喊冤呢？"来俊臣一听，回答说："他们这种人怎么会主动伏法呢？但是狄仁杰确实已经认罪了，不过他现在在狱中，我对他非常关照，没有去掉他的衣帽，让他仍然穿着原来的衣服，在卧室里住得很安逸。"武则天又问："全案所有的人犯都供认了吗？"来俊臣说："只有魏元忠一人还没有招供。"武则天一面令人继续审问，一面派人暗中察访。

这时候，中书侍郎乐思海有个八九岁的儿子，他们全家都已经被抓了起来，因为上书陈述情况，得到了武则天的召见。这个孩子一见到武则天，就说："我的父亲乐思海其实没有什么过错，而是受了来俊臣等人的欺弄。"武则天心想："这么大的一个孩子，居然就知道来俊臣？其中一定有什么蹊跷。"于是，她一面命他暂退，一面命内侍到狱中，召见狄仁杰等人。

狄仁杰一见到武则天，就大呼冤枉。武则天问他，"既然你有冤枉，为什么还认罪了呢？"狄仁杰说："如果我不承认，现在早已死在酷刑之下了。"武则天又问他："那你为什么写了谢死奏章呢？"狄仁杰一听感到很奇怪,急忙说:"绝无此事。"武则天于是让狄仁杰看他写的表章,才知道上面有人代他签了名,奏章是来俊臣伪造的。于是,武则天下令,释放了狄仁杰等五家。

第十二计　顺手牵羊

【题解】

"顺手牵羊"一词源于《礼记·曲礼上》："效马效羊者右牵之。"郑玄注曰："用右手便。"后世因以"顺手牵羊"比喻顺便行事,毫不费力。作为军事计谋,"顺手牵羊"指善于发现敌人的小漏洞,顺势采取行动,积累小胜而成大胜。古代军事家对"顺手牵羊"都非常重视,《鬼谷子·谋篇》中说："察其天地,伺其空隙。"《唐太宗李卫公问对》中说："伺隙捣虚。"《草庐经略·游兵》中说："伺敌之隙,乘间取利。"《登坛必究·叙战》中说："见利宜疾,未利则止。趋利乘时,间不容息,先之一刻,则大过,后之一刻,则失时也。"说的都是这个道理。

微隙在所必乘①;微利在所必得。少阴,少阳。

按:大军动处,其隙甚多,乘间取利②,不必以胜。胜固可用,败亦可用。

【注释】

①微隙:指地方小的漏洞。　②间:指敌方的漏洞或我方的机会。

【译文】

敌方即使出现了微小的漏洞,也一定要乘机抓住;即使发现了微小的利益,也一定要尽量取得。敌方小的疏忽,也会给我方带来小的胜利。

按语:大军采取军事行动的时候,一定会有很多的漏洞,要善于利用敌人的疏忽和漏洞来进行攻击,只要是对己有利就可以,并不一定要等待取得全胜的机会。这一方法,胜利时可以使用,失败时也可以使用。

【战例】

弦高犒师

春秋时代,周天子的权威在诸侯心目中逐渐丧失,诸侯国之间互相攻伐,进行争霸战争。春秋末年,随着秦国实力的增强,秦穆公成了霸主。为了维护他的霸主地位,秦穆公开始了对外用兵。有一年,秦穆公派孟明视、西乞术和白乙丙率军去偷袭郑国,大军行至晋国的边邑滑的时候,郑国的一个商人弦高正好走在这里,赶着12头牛打算去卖。他看到秦兵之后,急中生智,将自己的12头牛全部献给秦兵,说:"听说大国将要讨伐郑国,我郑国国君已经细心地做好了防范,命令我用12头牛前来犒劳军士。"秦国的三个将军听说郑国有所防备,商量说:"本来打算偷袭郑国,不料郑国现在已经发觉了,到郑国去也没有什么意思了。"于是攻占了滑便返回了。

弦高遇到秦国的军队,顺势将自己的牛献给了他们,并告诉他们郑国有所准备,从而使郑国避免了一场刀兵之灾。这一顺便行事取得了意想不到的巨大回报。

田蚡除窦婴

汉武帝时,外戚田蚡和窦婴始终在明争暗斗。由于窦婴和田蚡都推崇儒学,惹怒了掌权的窦太后,二人一起被窦太后免职。窦太后死后,汉武帝大权独揽,他马上重新起用了田蚡,任命他为丞相,而窦婴仍不得志。

田蚡得势后,看中了窦婴的一块肥沃田地,便派宾客籍福向窦婴索要。窦婴气愤地说:"我虽失势,你虽显贵,但是也不可以借势侵夺我田产啊!"窦婴的好友灌夫恰好来到,知道了事情的原委后,把田蚡大骂了一通。

籍福回去后,对田蚡说:"窦婴已年老快死了,丞相忍耐些日子,自可得到这块土地。"

田蚡气愤地说:"窦婴的儿子曾经杀人,应判处死罪,多亏我救了他一命。现在请求让他转让几顷田地,他还这么吝惜!再说了,此事与灌夫有什么关系?我不稀罕这几顷田地了,倒要看看他俩人还能活几时!"

自此,田蚡不但与窦婴,而且和灌夫都结下了仇恨。

有一年夏天,田蚡娶燕王的女儿为夫人。太后下令,列侯和宗室都要去府上祝贺。窦婴前去拜访灌夫,要他陪自己一块去。灌夫说:"我因为醉酒失礼得罪过丞相,丞相现在又跟我有嫌隙,还是不去了吧。"

窦婴说:"现在已经没事了。"硬把灌夫拉了去。

大家喝得都很高兴。酒兴正浓的时候,田丞相起身向众人敬酒,客人们都离开座位,俯伏在地。可是到了窦婴敬酒时,只有老朋友离开座位,其余的人只是以膝跪席。灌夫看到眼里,很不高兴。

窦婴敬到田蚡时,田蚡双膝跪席,说:"我酒量小,不能喝满杯。"

灌夫大怒,讥讽说:"将军是贵人啊,一定要喝尽",田蚡不肯。下一个轮到了临汝侯灌贤,灌贤正在与长乐宫卫尉程不识交头接耳,没有离开席位。灌夫一肚子气没地方发泄,就借题发挥骂灌贤道:"平日诋毁程不识不值一钱,现在长辈向你敬酒,你却像女孩子一样和他说悄悄话!"

田蚡对灌夫说:"程将军、李将军分别是东西宫的卫尉,今天你当众侮辱了程将军,难道不给李将军留有余地吗?"

灌夫说:"今天就是砍头,把胸膛穿透,也不管什么程将军、李将军了。"客人见势不好,纷纷找借口,悄悄地走了。窦婴离开时,挥手要灌夫出去,想借机把他带走。

田蚡大怒,说:"这都是我放纵了灌夫的罪过啊!"说着就下令手下扣留灌夫。籍福起身替灌夫道歉,又按着灌夫的脖子要他道歉。灌夫死活不肯道歉,并且更加愤怒。田蚡令人绑了灌夫,放在客房里,召来长史说:"今日召宗室来,是有诏书的。"于是弹劾灌夫此时出言不逊,犯了"大不敬"之罪,把他囚禁起来。又派遣官吏分头捉拿灌夫的亲属,都判了杀头示众的罪。

窦婴很后悔,决定为救灌夫挺身而出。他先到东宫,赞扬灌夫的长处,说他因为喝醉犯了过错,因此而判他死罪,实在冤枉。汉武帝让御史根据案卷的记载调查窦婴所说灌夫的情况,与事实有很大出入,又认为窦婴犯了欺君之罪。这样窦婴也被囚禁了。最后还是被判处杀头示众。

第三套　攻战计

第十三计　打草惊蛇

【题解】

"打草惊蛇"一词出自宋代郑文宝的《南唐近事》,该书卷二记载:"王鲁为当涂宰,颇以资产为务,会部民连状诉主簿贪贿于县尹,鲁乃判曰:'汝虽打草,吾已蛇惊。'为好事者口实焉。"意思是你们虽然告的是主簿贪污贿赂,但这就如同"打草"一样,同样曾经有贪贿行为的我就像草里的蛇,也被你们吓到,知道约束自己了。后来人们常用"打草惊蛇"比喻通过惩戒甲而警示乙,或者通过故意泄露秘密等方式而惊动对方,以掌握对方的情形。作为军事斗争的计谋,"打草惊蛇"一般指在敌情不明时,通过试探性进攻以摸清敌人虚实,然后采取军事行动,避免因不知敌方虚实而贸然行动可能会遇到的危险,增加胜利的把握。

疑以叩实①,察而后动②;复者,阴之媒也③。

按:敌力不露,阴谋深沉④,未可轻进,应遍探其锋⑤。兵书云:"军行有险阻、潢井、葭苇、山林、蘙荟者,必谨复索之,此伏奸之所处也。"⑥

【注释】

①叩:探问,询问。　②察:知道,理解。　③媒:条件,诱因。　④深沉:深刻周密。　⑤探:探测,探求,侦察。　⑥兵书云:"军行有险阻、潢井、葭苇、山林、翳荟者,必谨复索之,此伏奸之所处也":出自《孙子兵法·行军篇》。曹操注曰:"险者,一高一下之地;阻者,多水也。潢者,池也;井者,下也。葭苇者,众草所聚也;林木者,众木所居也。翳荟者,可屏蔽之处也。此以上论地形,以下相敌情也。"李筌注曰:"以下恐敌之可奇伏诱诈也。"潢,积水池,港汊。潢井,谓沼泽低洼地带。葭,初生的芦苇。葭苇,指芦苇,这里指杂草丛生之地。翳,草茂貌。荟,草木繁盛貌。翳荟,草木丛密。复索,反复搜索。伏,隐藏。奸,奸细、伏兵。

【译文】

如果有所怀疑,就要侦察清楚,完全了解清楚情况之后再采取行动。反复侦察和询问,是计谋实施的条件。

按语:在敌人力量没有暴露,敌方意图隐藏很深时,不要轻举妄动,而是应当全面摸清其锋芒之所在。正如《孙子兵法》中说:"军队两旁遇到有险峻的隘路、长满芦苇的湖沼低洼之地、山林和其他草木茂盛的地方,都必须仔细地反复搜索,这些都是敌人伏兵可能埋设和奸细可能隐伏的地方。"

【战例】

伊尹试探夏桀虚实

伊尹是商朝的开国君主商汤的重要谋士,不但协助商汤灭夏,而且辅佐过商朝的几代君主,立下很大的功勋。夏朝末年,夏桀荒淫无道,人民不堪其苦,天下怨声载道,把夏桀比作毒太阳,老百姓都恨不能与他同归于尽。而商部落在商汤的治理下,力量不断壮大,于是,商汤打算顺应人们的需要,起兵讨伐夏桀。这时,伊尹向他建议说:"虽然我们现在已经逐渐强大了,但夏桀的力量有多大,他还有多大的号召力,很难直接看出来。我们不如采取不缴纳贡赋的办法刺激刺激他,看他还有多大的军事实力和号召力。"商汤接受了他的建议,当年没有给夏桀进贡。夏桀果然非常生气,就征调了各个部落的人马一起来向商汤问罪。伊尹说,看来夏桀还有很大号召力,我们现在还不宜和他作战,赶快赔礼道歉,把贡赋交给他,以平息他的怒气。第二年,商汤又故技重演,没有进攻夏桀,夏桀也像去年一样打算征调各个部落的兵马前来问罪,但最终只有三个部落愿意和他一起讨伐商汤,其他部落对夏桀连年用兵满腹怨言,已经不听他的调遣了。于是,伊尹对商汤说,夏桀已经没有多少号召力了,三个部落的兵马不足为惧,现在可以对桀作战了。商汤马上联合起反对夏桀的各路诸侯,将人马埋伏在鸣条(今山西省安邑境内),一举打败夏桀,建立商朝。

侯嬴试探信陵君

信陵君是战国四公子之一,他是魏昭王的儿子,魏安釐王的异母弟。战国时期,由于各诸侯国之间激烈的军事和政治斗争,对于人才的争夺也非常激烈,为了笼络人才,各国的贵族中盛行养士之风,许多没有政治地位的人也乐于在他们门下作食客。信陵君为人宽厚,礼贤下士,对于士人无论才能大小均能以礼相待,因此各诸侯国前来投奔他的食客众多,相传达到3000多人。

当时,魏国都城大梁(今河南开封)的夷门有位守门人,名叫侯嬴,已经70多岁了,家中很穷。信陵君听说他是一位隐士,就亲自去拜访他,送给他丰厚的礼物。但是,侯嬴并没有领他的请,说:"臣修身絜行数十年,终不以监门困故而受公子财。"于是,信陵君就大摆宴席，请来许多尊贵的客人。客人们都坐定之后，信陵君却带着车马，空着作为上位的左边的位置，亲自到夷门去迎接侯嬴。侯嬴穿着破旧的衣服，带着破旧的帽子，毫不客气地直接坐到车子的上座上，想以此来看看信陵君的反映。信陵君见他大模大样地上了车子，不但没有感到惊奇，拉着缰绳却越发显得恭敬了。侯嬴又对信陵君说："我有一个朋友现在在市场上卖肉，请委屈一下您的车驾让我顺路过去拜访他吧。"信陵君驾着车子，载着侯嬴来到卖肉的市场。侯嬴下车见了他的朋友朱亥，也不正眼看一下信陵君，只是和朋友聊天，拖延了很长时间，并悄悄地观察信陵君的态度有无变化。信陵君不但没有烦躁或者生气，反而变得越来越和悦了。这时候，魏国的勋戚贵胄坐满了信陵君的大厅，等着宴会的开始；市场上的人们都在好奇地看着信陵君谦恭地牵着马等候侯嬴；信陵君的随从们等得不耐烦了，都在偷偷地骂侯嬴。侯嬴看到信陵君的脸上始终没有不耐烦的表情，于是辞别了他的朋友朱亥，上了车子。回到家之后，信陵君请侯嬴坐上座，并一一向客人介绍。宴会进行到高潮的时候，信陵君又亲自为侯嬴敬酒。从此之后，侯嬴成了信陵君的高级门客，并在窃符救赵等事情上给了信陵君很大的帮助。

第十四计　借尸还魂

【题解】

中国古代民间认为，人死了之后灵魂不会死去，可以附在别人的尸体上重新复生。这就是"借尸还魂"。如元代岳伯川《铁拐李》杂剧有岳寿借小李屠之尸还魂的故事。"借尸还魂"用在军事斗争中，就是借助和控制外部条件或者外部力量，以实现自己的军事意图。在中国历史上，许多有雄心大志的人想称霸天下而又实力不够，或者社会舆论不倾向于自己时，喜欢"挟天子以令诸侯"，这其实就是"借尸还魂"的方法。最早的如齐桓公的"尊王攘夷"，当然，最著名和最成功的还是东汉末年的曹操。

有用者，不可借；不能用者，求借。借不能用者而用之，匪我求童蒙，童蒙求我①。

按：换代之际，纷立亡国之后者，固借尸还魂之意也。凡一切寄兵于人②，而代其攻守者，皆此用也。

【注释】

①匪我求童蒙，童蒙求我：出自《易·蒙》。匪，同"非"。童蒙，

幼稚愚昧。　②寄兵：指利用别人的力量发动战争。

【译文】

凡是自身可以有所作为的，就不能够加以控制和利用；自身不能有所作为的，往往需要依赖和求助于别人。控制自身不能有所作为者而加以利用，这不是我有求于幼稚愚昧者，而是幼稚愚昧者有求于我。

按语：每逢改朝换代的时候，各方力量大都纷纷拥立亡国之君的后代，这其中就包含着"借尸还魂"之意。所有假借别人的兵力攻击他人的行为，和利用其他力量替自己攻守的行为，都是这一计谋的应用。

【战例】

曹操挟天子以令诸侯

经历了董卓之乱以后，东汉王朝其实已经名存实亡，失去了对地方的控制力。各地官僚和豪强趁机争夺地盘，形成了大大小小的割据势力。他们相互混战，朝廷的命令几乎对他们失去了约束力，成千上万的百姓在混战中遭到屠杀，许多地方出现了"白骨露于野，千里无鸡鸣"的荒凉景象。

相对于袁绍、袁术、刘表等人来说，曹操本来势力很小。后来，他在青州和兖州打败了黄巾军，才建立了一个据点。他在兖州积极招贤纳士，又从黄巾军的降兵中，挑选一部分精锐力量，扩大了自己的武装。以后，他又打败了先后盘踞徐州的陶谦和吕布，成为一个强大的割据力量。

而此时，汉献帝正在流离失所、辗转颠簸之中。董卓的残余势力李傕和郭汜在都城长安发生火并，一批大臣带着献帝逃出长安，回到洛阳。洛阳的宫殿，此前已被董卓烧光了，只剩下了一片废墟。汉献帝到了洛阳，没有宫殿，只好住在一个官员的破旧住房里。一些文武官员,则只能在断墙残壁旁边搭个草棚,遮风避雨。最大的难处是没有粮食供应。汉献帝下诏要各地官员输送粮食,但他们正在忙着抢地盘,根本不把皇帝放在眼里。没有办法,朝廷大臣只好自己去挖野菜。这些平时养尊处优的官员,有的吃了几顿野菜,就倒在破墙边上饿死了。

当汉献帝还在长安时,曹操便多次遣使通好,以加强联系。这时候,曹操正驻兵许城,听到这个消息,就召集部下的谋士商量,要不要把汉献帝迎过来。

谋士荀彧说:"从前晋文公发兵把周襄王送回洛邑,成为霸主;汉高祖为义帝发丧,天下人都归附他。现在皇上在洛阳困苦不堪。您如果能把皇上迎来,这正是顺从人们的愿望。要是现在不及时去接,一旦让别人抢先迎去。我们就错过机会了。"

曹操听了,觉得有道理,立刻派出一支人马到洛阳去迎接汉献帝。后来,曹操亲自到了洛阳,向皇帝和大臣们陈以利害,说现在洛阳缺少粮食,而许城有粮食,但是运输不便,只好请皇上和大臣们暂时搬到那边去,免得在这里受苦。

汉献帝和大臣也想早日结束这种挨饿受冻的日子,听说许城有粮食,都一致同意迁都许城。公元196年,曹操把汉献帝迎到了许城,并改称为许都。

曹操在许都给汉献帝建立了皇宫,曹操自封为大将军,开始用汉献帝的名义向各地州郡豪强发号施令。

他打着献帝的旗号下诏书给袁绍,谴责他地广兵多,却只管攻打别的州郡,扩大自己势力,不把朝廷放在眼里。尽管袁绍势力大,但名义上还是汉献帝的臣子。接到诏书以后,只好上个奏章给自己辩护。

许都的情况稳定下来之后,曹操又发布命令,在许都附近实行屯田。许都附近的荒地很快就开垦出来了。一年下来,光是许都的郊外就收到公粮一百万斛。接着,曹操又在他管辖的州郡都推行了屯田制。

曹操用皇帝的名义号令天下,又采用屯田办法,解决了军粮问题,还吸收了荀彧、郭嘉、满宠等一批有才能的谋士,他的实力就更加强大起来了,为统一北方奠定了坚实的基础。

由于采取了"挟天子以令诸侯"的策略,曹操在与自己的军事对手较量中处于极为有利的地位。汉献帝虽然被迫东流西徙,居无定所,身上除了一件褴褛的皇袍已是所剩无几,但他毕竟是皇室最高权力的象征,正如袁绍的谋士沮授指出的:"挟天子而令诸侯,畜士马以讨不庭,谁能御之!"汉室统治天下四百余年,人民普遍对汉室有深厚的感情,对汉室仍有一定的支持。曹操利用广大士大夫阶层对于汉庭的传统感情,又能广泛招纳天下贤士俊杰,以扩充自己的政治势力。"挟天子以令诸侯"的决策,表明曹操目光远大。

赵高排除异己

秦始皇病死之后,宦官赵高因使用阴谋诡计帮秦始皇的小儿子胡亥夺得帝位有功,胡亥即位成为秦二世之后,就任命赵高为郎中令。因为赵高一向为人阴险狠毒,被他杀害和他借机泄私愤整治的人很多,他一直担心大臣们借上朝奏事的机会说他的坏话。上台后,他便劝秦二世说:"天子之所以尊贵,是因为天子处于深宫之中,只发出一些命令,群臣都不能见到天子的面目,所以天子号称为'朕'。现在陛下您这么年轻就登上了王位,不可能通晓一切事情,如果坐在朝廷上亲自当面处理大臣们禀奏的国家大事,处罚、提拔工作有不妥当的地方,缺点就会被暴露在大臣们面前,这不是向天下人显示陛下圣明的办法。如果您深居皇宫之中,我和侍中以及熟悉程序规范的人等待下面报告各种事情,事情报告来后可以有充分的时间考虑它。这样做,大臣们就不敢奏那些情况不实的事情,您也一定会被天下人称赞为圣明的君主。"秦二世采用了赵高的计策,深居简出,不再到朝廷上亲自处理政事,国家一切大事的决断权都落到了赵高的手里。赵高则趁机将自己的敌人一个个地除掉。

第十五计　调虎离山

【题解】

"调虎离山"本来是一个成语,比喻为了便于乘机行事,设法引诱对方离开原来的地方。作为军事斗争的计谋,则是指通过各种手段引诱和调动敌人,以创造有利于自己的斗争形势。该计关键是运用策略调动敌人,从而使局势按照自己想象的方向发展,以在军事行动中占据优势。"兵不厌诈",在战争中充分利用各种手段调动敌人,从而掌握主动权,无疑将会极大地增加自己的胜算。

待天以困之,用人以诱之。往蹇来返①。

按:兵书曰:"下政攻城。"②若攻坚③,则自取败亡矣。敌既得地利,则不可以争其地。且敌有主而势大④:有主,则非利不来趋;势大,则非天人合用,不能胜。汉末,羌率众数千⑤,遮虞诩于陈仓崤谷⑥。诩军不进,宣言上书请兵,须到乃发。羌闻之,乃分抄旁县⑦。诩因其兵散,日夜进道,兼行百余里,令军士各作两灶,日倍增之,羌不敢逼,遂大破之。兵到乃发者,利诱之也;日夜兼进者,用天时以困之也;倍增其灶者,惑之以人事也。

【注释】

①往蹇来返:《易·蹇》中说:"蹇,难也,险在前也。见险而能止,知矣哉!"蹇,六十四卦之一,《易·蹇》说:"象曰:山上有水,蹇。"王弼注曰:"山上有水,蹇难之象。"这里指困难、困境、危险。　②兵书曰:"下政攻城":《孙子兵法·谋攻篇》有:"故上兵伐谋,其次伐交,其次伐兵,其下攻城。"意思是说,利用强力夺取城池在军事行动中是最低等的选择。③攻坚:指攻击坚固的防御工事或强大的守敌。　④有主:这里指有地利优势作为依托。　⑤羌:我国古代民族名,主要分布地在今甘肃、青海、四川一带,以游牧为主。后来逐渐与西北地区的汉族及其他民族融合。　⑥遮:遏止,阻拦。虞诩:字升卿,东汉末年陈国武平(今河南鹿邑西北)人,曾历任武都太守、尚书令等职。陈仓崤谷:即大散关,在今陕西省宝鸡市西南的大散岭上。　⑦抄:掠夺,袭击。

【译文】

等待对敌方不利的天时来使他们受到困顿,主动运用人为的方法来使敌人受到诱骗。如果我方主动进攻可能遭受挫折,就想办法让敌人反过来主动进攻我方。

按语:兵书中说,强力攻城是最低等的选择。如果主动攻打防守坚固的敌人,这是自取败亡。敌人已经占据了地利,就不要再去那里与其争夺了。况且敌人有所依托并且具有很大的优势:敌人有所依托,所以如果不是有利可图就决不会离开有利的地势;敌人具有很大的优势,所以如果不能够天时和人和两个因素兼用,则不能取胜。比如,东汉末年,几千羌人把虞诩堵截在了陈仓的崤谷。虞诩当时停止进军,扬言上书请求救兵,救兵到来之后再起兵进发。羌人听到这个消息,于是四散到周围的各县进行劫掠。虞诩看到他们已经分散开了,于是命令军队日夜兼程,每天行军一百多里,并让每个士兵做两个做饭用的灶,每天增加一倍,羌人以为援兵到了,不敢主动发起进攻,虞诩趁机将他们打得大败。虞诩说援兵到了再进军,这是诱使他们去抢劫财物;日夜兼程,是为了争取时间上的优势;每天增加一倍的灶坑,是为了在人员数量上迷惑敌人。

【战例】

拓跋焘诱敌出击

公元427年,北魏太武帝拓跋焘决定率军攻打大夏。他只带了轻骑三万,渡过了君子津,倍道兼行,直奔大夏的国都统万城。群臣见拓跋焘只带了这么少的兵,纷纷谏曰:"统万城非常坚固,不是一天两天能够攻得下来的。现在我军不带步兵和辎重,日夜兼程前去征讨,如果一时不能成功,后退时连支援和凭借都没有。不如带着步军和攻城的各种器械,一同前往。"拓跋焘却说:"用兵之术,强力攻城是最低等的选择,不得已的时候才使用。如果我们带着攻城的器具浩浩荡荡前去讨伐,敌人一定会感到害怕而坚守不出。如果不能很快攻克,那么就会面临粮食吃光、士兵疲惫的窘境,城外又没有什么东西可以拿来充饥,因此这不是上策。我现在以轻骑至其城下,他们知道攻城需要步兵,却只看到骑兵前来,心理上一定会产生懈怠麻痹的情绪。我再用一支老弱残兵把他们从城里引出来,如果能够交战,定能一战成功。我之所以这样做,是因为我们此次讨伐,军士要离家两千里,后面还有黄河之险阻隔,这就是所谓的'置之死地而后生'。这种情况下决战是可以的,但攻城面临这种情况就不可以了。"

于是,拓跋焘率军继续进发,到了黑水驻扎下来。他先分出大部分军马埋伏于山谷之中,自己只带了一小部分人来到统万城下。刚到城下,大夏国王赫连昌的部将狄子玉就前来归降,并带来了一条令拓跋焘非常失望的消息。他说:"赫连昌派人去让正在长安作战的弟弟赫连定回师救援,赫连定说:'统万城坚固高峻,一时不会被攻破,等到我抓住北魏的奚斤等人之后,再回师也不迟。那时候我们内外夹击,还愁不能取胜吗?'赫连昌认为他说的对,决心死守统万城。"拓跋焘听到这个消息之后,非常担心,一旦赫连昌死守不出,自己的战略部署就会落空。因此,他只能想尽一切办法把赫连昌从城中引出来。于是,他将人马退到城北,装出一副弱小的样子,并派人到四处寻找粮食物资,为原定计划万一落空做好准备。

这时,恰好有北魏的士兵因为犯法,逃入统万城,告诉赫连昌北魏营中缺乏粮食,士卒只能以野菜度日。魏军的辎重在后,步兵未至,现在打击正是时候。赫连昌相信了他的话,率领步兵和骑兵三万人杀出城来。司徒长孙翰等人都对拓跋焘说,赫连昌的步兵阵势很难打乱,应当避开他们的锋芒,等到自己的步兵到了之后,再进行决战。拓跋焘却说:"不是这样。我们远道而来,就是为了和敌人决战,怕的是敌人不出来。如果我们今天避而不战,他们的士气将会更加旺盛,而我方的士气就会低落,不能这样做。"于是他带领军队装作向北逃跑的样子,引大夏的骑兵和步兵前来追赶,以此来拖垮他们。

赫连昌以为魏军真的逃跑了,鼓噪着前来追赶,并把阵势舒散开,分出两翼。跑了五六里,拓跋焘停下来反攻,无法冲乱敌人的阵势,又继续向北退却。这时,突然刮起了大风,军中的方术官赵倪认为这是不祥之兆,劝拓跋焘改日再战,被拒绝。拓跋焘将骑兵分为左右两支,夹击夏军。战斗中,拓跋焘掉下了马,敌人围了上来。危急之下,他奋起跳到马上,刺杀了大夏尚书斛黎文,杀骑兵十余人。不久,他又被流矢射中,仍然奋勇冲杀,没有停下来。大夏军队大败,赫连昌来不及逃入统万城,只得奔投到上邽去了。

赵匡胤以长击短

五代时，周世宗柴荣亲率 10 万大军进攻南唐，将寿州重重包围。但是，一连攻打了许多天，都没有能够攻克。这时，南唐派出何延锡前去救援，一百余艘战舰浩浩荡荡，排列整齐，绵延数里。周世宗命时为殿前都虞侯的赵匡胤领兵前往截击。赵匡胤认为，敌军为水师，己方为陆军，双方各有优势，如果直接攻击展开水战，自己肯定没有制胜的把握，只能把敌人引到陆上来，在陆上决战，这样才能充分发挥自己的长处，增加胜算。于是，他挑选出 100 多名老弱残兵，让他们到江边挑战，自己却率领 5000 精兵埋伏在涡口。

看到周兵前来挑战，何延锡急忙引兵前往迎敌。他见对方只是 100 多老弱残兵，便率军鼓噪着冲杀过去。周兵见唐军杀来，急忙后退，何延锡领兵在后追赶。追了一程，他也怕中了对方的诱敌之计，因此收住脚步，打算回军。周兵见诱敌计划要落空，就设法激怒他。100 多人在后面笑骂嘲讽，说："你们这群胆小鬼，料你们也不敢追赶。我们在前面不远处就埋伏了 10 万大军，你们如果追来，准叫你们有来无回。"何延锡受不了被人如此嘲弄，便继续追赶，为了以防万一，命令 50 艘战舰驶至涡口待命，如果遇到埋伏可乘船迅速撤离。

何延锡率众追到涡口，前面出现了一大片芦苇荡。周兵逃到芦苇荡中，何延锡也一马当先追了过去。他正在一门心思地追赶敌兵，突然马失前蹄，从马背上摔了下来。原来芦苇荡中设置了绊马索。这时，后周的伏兵四处，赵匡胤上前一棍打在何延锡的脑袋上，当时毙命。唐军大败。

第十六计　欲擒故纵

【题解】

"欲擒故纵"又作"欲擒姑纵",意思是想要捉住对方,就故意先放开他,以更好地控制局势。俗话说:"困兽犹斗。"敌人如果被逼迫陷入绝境,为了求生就会爆发出意想不到的力量,从而在斗争中增加我方的损失。"欲擒故纵"的"纵"看似是给敌人一条生路,实则是为了消耗敌人的斗志,以更小的代价达到"擒"的目的。

逼则反兵,走则减势。紧随勿迫,累其气力,消其斗志,散而后擒,兵不血刃①。需,有孚,光②。

按:所谓纵者,非放之也,随之,而稍松之耳。"穷寇勿追"③,亦即此意。盖不追者,非不随也,不迫之而已。武侯之七纵七擒④,即纵而蹑之⑤,故展转推进⑥,至于不毛之地⑦。武侯之七纵,其意在拓地,在借孟获以服诸蛮⑧,非兵法也。故论战,则擒者不可复纵。

【注释】

①兵不血刃:兵器上没有沾血,比喻战事顺利,未经交锋或激

战而取得胜利。　　②需,有孚,光:出自《易·需》。需,迟疑,不进。孚,信服。光,指前途光明。　　③穷寇勿追:《孙子兵法·军争篇》有"穷寇勿迫"。四库本"迫"作"追",樱田本"迫"作"逼"。穷,困窘;窘急。迫,困厄,窘迫。此句意思是说,陷入绝境中的敌人,不可过分追赶或逼迫。　　④武侯:即诸葛亮。诸葛亮死后谥为忠武侯,后世称之为武侯。七纵七擒:指三国时诸葛亮七次生擒孟获,又七次释放,终于使孟获心悦诚服的故事。《三国志·蜀书·诸葛亮传》:"亮率众南征,其秋悉平。"裴松之注引《汉晋春秋》说:"亮至南中,所在战捷。闻孟获者,为夷汉并所服,募生致之。既得,使观于营阵之间,问曰:'此军何如?'获对曰:'向者不知虚实,故败。今蒙赐观看营阵,若祇如此,即定易胜耳。'亮笑,纵使更战,七纵七擒,而亮犹遣获。获止不去,曰:'公,天威也,南人不复反矣。'"　　⑤蹑:追踪,追击。　　⑥展转:指反复。
⑦不毛:不生植物,形容荒凉贫瘠。　　⑧孟获:三国时期西南少数民族的首领。蛮:我国古代对长江中游及其以南地区各少数民族的泛称。

【译文】

如果被逼得走投无路,敌人就会疯狂反扑;如果给他们机会让他们逃跑,就会削减他们的气势。紧紧跟随着敌人不要逼迫,以消耗他们的有生力量,逐渐消减他们的斗志,等到他们人心离散之时再来消灭他们,这样不用经过艰苦的战斗就能取得胜利。这就是自己迟疑不进并且使敌人相信,就会取得胜利的结局的道理。

按语:所谓的"纵",并不是完全放掉敌人,而是尾随他们,只不过稍微放松些罢了。对于陷入绝境的敌人不可过分逼迫,说的就是这个道理。所以不追赶并不是不跟随,只不过不要过分逼迫而已。

三国时期诸葛亮对孟获七擒七纵,就是在放走孟获之后又紧跟着他,所以这样一步步推进,最后深入荒凉的不毛之地。诸葛亮七次放走孟获,意图在于开拓土地,在于借助孟获来收服各少数民族的人心,这是政治策略,而不是军事斗争中应当采用的原则。所以就军事斗争来说,已经捉住了的敌人就不要再放跑他。

【战例】

段韶智取姚襄城

南北朝时,高齐将领段韶与右丞相斛律光率师伐后周,五月,攻克秦城。周人于姚襄城南另建起一座城镇,东接定阳,又挖了很深的壕沟,阻断了道路。段韶于是偷偷抽调壮士从姚襄城北攻城,又派人渡河潜入姚襄城中,打算形成内外相应之势。渡河的人有一千多,后周人发觉了,将其击退。诸将都要攻打城南筑起的新城,段韶说:"此城一面阻河,三面地险,不可攻。就令得之,一城地耳。不如更作一城,塞其要路。破服秦城,并力以图定阳,计之长者。"将士都以为这个办法可行,于是转而攻打定阳,定阳守将杨范经过了精心的布置,防守非常坚固,一时难以攻下。段韶登上山顶居高临下考察了整个城市的布局之后,下令士兵加紧攻打。七月,攻克了其外城。段韶对斛律光说:"此城三面重涧险阻,并无其他逃脱之路,只能考虑从东南突围。我军放松东南的包围,敌人如果突围,必从此出。我们派精兵在此埋伏,一定能够全歼。"斛律光命令士兵埋伏在城东南的峡谷口。当天夜里,果然象段韶所分析的那样,敌人从东南出城。进入埋伏圈之后,伏兵四起,敌人大败。杨范等将领投降。

包拯智破牛舌案

北宋年间,包拯出任天长县知县。有一天,一个当地的农民来报案说，自己家的耕牛被人割掉了舌头，现在满嘴是血，奄奄一息。包拯对他说："你先回家吧，把牛杀掉，把肉卖了。"过了不久，又有人来报案说，有人私宰耕牛，正在卖牛肉，让包拯去查办。包拯一听，不但没有奖赏他，反而把脸一沉，说："你为什么偷偷地割了人家的牛舌，而现在又来告他？从实招来。"那人见包拯这样说，吓得大惊失色，连忙承认了自己的罪行。

原来，按照宋代的法律，私宰耕牛是重罪，盗割牛舌之人与耕牛的主人有矛盾，就想出了这么一个损招。他以为，自己先把他家的牛舌割掉，而一头活不了多久的耕牛，牛的主人只能将它杀掉，以减少更大的损失，然后自己再到官府告一状，治他个私宰耕牛的罪行，以解自己满腹的怨气。没想到包拯早看透了事情的原委，将计就计，没有对事情直接进行严格追查，而是欲擒故纵，让盗割牛舌之人自己找上门来。

第十七计　抛砖引玉

【题解】

关于"抛砖引玉"一词的出处,一说来自唐代诗人赵嘏和常建的一段传说。唐朝时,赵嘏以诗闻名于世。另一位诗人常建听说他将要来苏州,于是想见识见识他的诗究竟如何。常建猜想赵嘏到苏州来必游灵岩寺,就先题诗二句在灵岩寺的墙壁上。赵嘏果然前来游览,看见墙壁上没有做完的两句诗,于是就补续了二句使其成为一首绝句。因此人们说常建此举乃是"抛砖引玉"。然而这只是一段传说而已。真正有文献可据的出处,是出自宋代释道原的《景德传灯录》:"大众晚参,师云:'今夜答话去也,有解问者出来。'时有一僧便出,礼拜,师曰:'比来抛砖引玉,却引得个墼子。'"这是唐代高僧从谂禅师主持赵郡观音院时的一段故事。故事中从谂说:"我本来想抛出一块砖引来一块玉,没想到引来的却是一块连砖都不如的夹生砖坯。""抛砖引玉"作为军事斗争的计谋,是指通过似是而非的东西迷惑引诱敌人,以完成自己的军事意图。

类以诱之,击蒙也①。

按:诱敌之法甚多,最妙之法,不在疑似之间②,而在类同③,以固其惑。以旌旗金鼓诱敌者④,疑似也;以老弱粮草诱敌者⑤,则类同也。

【注释】

①击蒙:《易·蒙》中有"击蒙,不利为寇,利御寇"之语。击,犹治也。　②疑似之间:指似是而非,令人半信半疑。③类同:相像。　④旌旗:旗帜的总称。金鼓:四金和六鼓。四金指𨮯、铙、铎。六鼓指雷鼓、灵鼓、路鼓、鼖鼓、鼛鼓、晋鼓。金鼓用以节声乐,和军旅,正田役。见《周礼·地官·鼓人》。亦泛指金属制乐器和鼓。这里指指挥军队的号令器具,擂鼓则进,鸣金则退。　⑤老弱:指没有战斗力的老弱士卒。

【译文】

用相类似的东西引诱迷惑敌人,以使敌人懵懵懂懂上当。

按语:诱敌的方法有很多,最巧妙的方法,不是用似是而非的方法进行引诱,而是用非常类似的举动来造成假象,从而使敌人坚信这种假象是真的而上当。用虚张声势的旌旗金鼓等来诱惑敌人,这是似是而非的方法;用老弱兵士和粮草物资来引诱敌人,就是用非常类似的举动造成的假象。

【战例】

楚军计赚绞国

公元前700年,楚国发兵攻打绞国。绞国是楚国邻近的一个非常弱小的国家,楚国很快就攻到了绞国都城的南门之下。绞国自知敌不过楚国的大军,因此四门紧闭,楚国一时也攻不下来。楚国的大夫屈瑕献计说:"绞国虽然弱小,但是全国上下却很轻躁,轻躁者必然就会缺少谋略,因此我们可以智取。请不要对进山采樵的人实行保护,诱使绞国人出来抢夺木柴,然后我们趁机歼灭他们。"楚王采纳了他的建议。这时,绞国已经被围一月有余,城中柴薪匮乏,城上的士兵看到城下有来来回回的樵夫,又没有楚军的保护,于是就试探着出城来夺取一些木柴。第一天,绞国派出一支人马,对背着柴从山中出来的樵夫发动袭击,结果抓获了30个樵夫,俘获了大量木柴。尝到了甜头之后,第二天,绞国军民竞相出城抢夺柴薪,把楚国打柴的人一直追到了山里。楚军见绞国上当,就将人马守在绞国都城北门外回城的路上,埋伏起来。等到绞国人掳掠了柴薪高高兴兴回城的时候,楚国的伏兵四起,绞国人大败,只得请降。楚国人与绞国签订了城下之盟之后,胜利回国。

第十八计　擒贼擒王

【题解】

"擒贼擒王"一词出自唐代伟大诗人杜甫的《前出塞》诗中的第六首,原诗是:"射人先射马,擒贼先擒王。"后来"擒贼擒王"成了一个成语,比喻做事要抓住要害,这样才能够取得事半功倍的效果。"擒贼擒王"用在军事上,要求军事斗争中首先打垮敌人的主力,制服敌人的首脑,这样就能够使敌人迅速瓦解,取得斗争的胜利。

摧其坚,夺其魁,以解其体。龙战于野,其道穷也①。

按:攻胜则利不胜取。取小遗大,卒之利、将之累、帅之害、攻之亏也。全胜而不摧坚擒王,是纵虎归山也。擒王之法,不可图辨旌旗,而当察其阵中之首动。昔张巡与尹子奇战②,直冲贼营,至子奇麾下③,营中大乱,斩贼将五十余人,杀士卒五千余人。巡欲射子奇而不识,剡蒿为矢④,中者喜,谓巡矢尽,走白子奇⑤,乃得其状,使霁云射之⑥,中其左目,几获之,子奇乃收军退还。

【注释】

①龙战于野,其道穷也:出自《易·坤》的象辞。　②尹子奇:唐朝时安禄山叛军的将领,曾经率领十万大军包围睢阳(今河南商丘),与张巡对峙。　③麾:古代用以指挥军队的旗帜。　④剡(yǎn):削,削尖。　⑤白:告诉,报告。　⑥霁云:即南霁云。唐朝魏州顿邱(今河南清丰西南)人,曾为张巡部将,与张巡一起守睢阳,以善射著称。城破后,与张巡一起遇害。

【译文】

摧毁敌人的主力,控制敌人的主帅,这样就会瓦解敌人的力量。就好像龙来到陆地上作战一样,将会没有什么办法可以施展。

按语:战争胜利之后,利益取不胜取,但如果满足于小的利益的取得而丧失了大的利益,这就是士卒的胜利、将军的累赘、主帅的祸害、战争的损失。即使大获全胜,但如果没有摧毁敌军的主力,制服敌人的首脑,这也等于是纵虎归山。制服敌人的首脑有诀窍,不要看到旌旗在哪里就认为主帅一定在那里,而应当通过仔细查看军队的一举一动判断主帅所在的位置。唐朝时,张巡与安禄山的部将尹子奇作战,张巡率军直冲敌营,一直杀到尹子奇的帅旗之下,营中大乱,唐军斩杀叛军的大小将领五十余人,士卒五千多人。张巡想要射死尹子奇,可是不知道哪一个是,于是他想了一个办法,削了一根蒿草秆,当作箭射了出去。被箭射中的人没有受伤,非常高兴,认为张巡的箭已经射没了,跑到尹子奇面前把这个情况告诉他。张巡于是记住了尹子奇的模样,命令神箭手南霁云射他。南霁云一箭正中尹子奇的左眼,并差一点抓住了他。尹子奇身受重伤,只得撤兵。

【战例】

汉军平定车师国

东汉时,将军耿秉与窦固合兵万四千骑,进攻西域的车师。车师有后王、前王，前王即后王之子，其庭相去五百余里。耿秉打算先攻打后王，认为只要把后王打败，则前王自服。窦固犹豫不定。耿秉奋身而起，众军不得已，只好随他前进。汉军过处，斩首数千级，俘获马牛羊十余万头。后王闻讯大惊，领着数百骑出城来迎接耿秉，表示愿意投降。车师国就这样平定了。

毛遂自荐

公元前260年，秦国大将白起率军攻打赵国，长平一役，赵军大败，数十万人投降后被活埋。赵国元气大伤，闻秦丧胆。两年后，秦国又大举进攻赵国，秦军将赵国都城邯郸团团围住，情况十分危急。赵王决定派平原君出使楚国，向楚国求救。

平原君临行之前，决定从门客中挑选出二十名文武双全的人随同前往。可是挑来挑去，只挑出了十九个比较满意的，还差一个人却怎么挑也挑不出来了。平原君正伤脑筋，毛遂主动站了出来，凑齐了二十人的数。平原君带着他们二十人连夜赶往楚国。

平原君一行人到了楚国，游说工作非常不顺利，从旭日初升一直商谈到正午，向楚王阐述联合抗秦的重要，却都无法说服楚王。

正当大家不知道该怎么办才好的时候，毛遂手按佩剑，对平原君说："合纵抗秦这件事，利害得失一句话就说清楚了，怎么会从日出谈到中午还不能决断呢？"

楚王见一个随从竟然如此倨傲无礼，怒斥道："你是什么人？我和你主人讲话，哪有你插嘴的份？"

毛遂毫无惧色，按着佩剑一直走上台阶，来到楚王前面，说："大王斥责我，无非是仗着楚国人多势众。但现在咱们相距不到十步，大王的性命现在掌握在我的手中！"

接着，毛遂话锋一转，说："楚国兵多将广，地大人多，有精兵几百万,即使称霸诸侯,也没有什么令人惊奇的。然而白起一个鼠辈,率领区区几万人攻打楚国,占领了你们大片土地,一举夺去鄢、郢两座城池,火烧夷陵,毁了楚国的宗庙,羞辱了楚国的祖先,这是百世难解的怨仇,连我们赵国都替你们感到羞愤,大王却不以为耻。赵国提议两国联合抗秦,也是在替你们楚国报仇啊!"

毛遂一席话,说得楚王哑口无言。终于决定同意两国结盟,订下和约。并立刻发兵支援赵国,解了邯郸之围。

第四套　混战计

第十九计　釜底抽薪

【题解】

"釜底抽薪"出自《汉书·贾邹枚路传》："欲汤之凔,一人炊之,百人扬之,无益也,不如绝薪止火而已。"意思是说,如果想要使热水凉下来,如果有一个人在不停烧火,即使派一百个人扬汤止沸,也不会有什么效果,还不如直接把釜底的柴草拿走,让火熄灭。后来人们常用"釜底抽薪"比喻要从根本上解决问题。例如明代戚元佐的《议处宗藩疏》中有:"谚云:扬汤止沸,不如釜底抽薪。""釜底抽薪"作为军事斗争中的计谋,指在敌人气势旺盛时,设法消减敌人的气势,以取得战争的胜利。"釜底抽薪"的灵魂和关键是消减敌人的气势,在两军对阵中,使敌人气势消减的方法有很多,既可以用消耗、打击等办法,也可以使用谋略和各种诡诈的手段。

不敌其力,而消其势,兑下乾上之象①。

按:水沸者,力也,火之力也,阳中之阳也②,锐不可当;薪者,火之魄也③,即力之势也,阳中之阴也④,近而无害。故力不可当而势犹可消。《尉缭子》曰⑤:"气实则斗,气夺则走⑥。"而夺气之法,则在攻心。昔吴汉为大司马⑦,

尝有寇夜攻汉营,军中惊扰,汉坚卧不动,军中闻汉不动,有倾乃定⑧。乃选精兵夜击,大破之。此即不直当其力而扑消其势力也。宋薛长儒为汉州通判⑨,戍卒开营门⑩,放火杀人,谋杀知州⑪、兵马监押⑫。有来告者,知州、监押皆不敢出。长儒挺身出营,谕之曰⑬:"汝辈皆有父母妻子,何故作此?然不与谋者,各在一边。"于是不敢动,惟主谋者十三人突门而出,散于诸村野,寻捕获⑭。时谓非长儒,则一城涂炭矣⑮!此即攻心夺气之用也。或曰:敌与敌对,捣强敌之虚以败其将成之功也。

【注释】

①兑下乾上之象:兑和乾是八卦中的两卦,兑代表泽,乾代表天。兑下乾上为"履"卦。《易·履》象传曰:"履,柔履刚也。"有以柔克刚之意。　②阳中之阳:指强大力量中的显著者。前一个"阳"指强大的力量,后一个"阳"是非常显著、极为明显的意思。　③魄:原指依附于人的形体而存在的精气、精神。泛指事物的精神、精气。　④阳中之阴:指强大力量中的隐藏者。　⑤《尉缭子》:我国古代兵书名,相传为战国时期大梁人尉缭所作。　⑥气实则斗,气夺则走:出自《尉缭子·战威第四》。意思是气势如果充盈就会争斗,气势如果丧失就会败退。　⑦吴汉:东汉开国功臣之一,字子颜,南阳宛(今河南南阳)人。东汉建立之后曾任大司马,被封为舞阳侯。大司马:中国古代官名,不同朝代职属有所不同。东汉初年大司马为三公之一,后改为太尉,末年又别置大司马。　⑧有倾:一会儿,一段时间之后。　⑨薛长儒:宋代绛州(今

山西省侯马市)人,字元卿,曾历任汉、湖、滑等州通判。汉州:地名,今四川广汉。通判:官名。北宋初年始置,于诸州府设置,地位略次于州府长官,但握有连署州府公事和监察官吏的实权。"通判",即共同处理政务之意。 ⑩戍卒:戍守边疆或城池的士兵。 ⑪知州:官名。北宋建立之后,鉴于五代藩镇之乱,留居诸镇节度于京师,而以朝臣出守各郡,称"权知某军州事",意思是暂行主管某军州兵政、民政事务。后来文武官参为知州军事,总理郡政,省称曰知州。 ⑫兵马监押:五代和宋朝掌诸州兵马的武官。 ⑬谕:教导,教诲。古代常用于上级对下级。 ⑭寻:不久,接着,随即。 ⑮涂炭:蹂躏,摧残。也指陷入灾难的人民。

【译文】

不直接与敌人锋芒正盛时相对抗,而是设法消减它的气势,用以柔克刚的办法战胜它。

按语:水能够沸腾翻滚,是由于它具有了力量,这种力量源于火的力量,这样一种显而易见的强大力量,是锐不可当的;木柴干草,是火的精气之所在,也是力量产生的条件和依托,这是一种隐含着的力量,即使靠近它也不会产生危害。因此,强大的力量虽然不可阻挡,而其条件和依托却是可以消除的。《尉缭子》中说:"气势如果旺盛就会奋力争斗,气势如果丧失就会消极败退。"而使气势丧失的办法,就在于对敌人实行攻心战术。东汉时,吴汉为大司马,有一次,敌人于夜间进攻汉营,军中一片混乱,只有吴汉躺着不动,军中将士听说自己的主帅如此镇定,过了一会儿也都安定下来。于是吴汉开始挑选精兵于当夜进行反击,把敌人杀得大败而逃。这就是不直接面对敌人强大的力量而设法消减其气势的方法。宋代时,薛长儒担任汉州的通判,有一次,守卫汉州的士卒数百人发生了叛乱,他们打开了营门,到处杀人放火,打算谋杀知州和兵马监押。有人前来报告,知州和兵马监押都吓得不敢出门。这时,薛长儒挺身而出,走出大营,劝诫叛乱的士兵说:"你们都有自己的父母妻儿,为什么要做这种大逆不道的事情呢?不过,凡是没有参与谋划的,都站在一边去。"于是士兵大多不敢再轻举妄动,只有主谋叛乱的十三个人夺门而出,跑到了外面的村子和田野中分头躲藏起来,不久之后就都被抓到了。当时的人们都说,如果没有薛长儒,整个汉州城就都遭殃了。这就是通过攻心战术使敌人丧失气势的具体运用。有人说,"釜底抽薪"就是在两军作战之时,打击强大敌人的虚弱之处,以挫败他们将要取得的胜利。

【战例】

柏举之战

柏举之战是吴国最终破楚入郢的关键一役。这场战役,起于蔡、唐两国因楚国的囊瓦索要财物并监禁蔡昭侯和唐成公而叛楚。楚国以蔡灭沈为由出兵围蔡,蔡侯求救于吴。吴王阖闾为此征求伍子胥和孙武的意见,二人认为,楚国霸道蛮横,"贪而多过于诸侯"。对于楚伐蔡这件事来说,"蔡非有罪也,楚人为无道"。在二人的鼓励下,吴王决心"悉兴师",联合唐、蔡,与楚决战。对于这场战役的全过程,《左传·定公四年》中有着详细的记载。

鲁定公四年(公元前506年)冬,吴国联合蔡国、唐国伐楚。联军沿淮河西进,进抵淮汭(今安徽凤台附近,一说今河南潢州西北)后舍舟登陆,迅速通过楚国北部大隧、直辕、冥阨三座关隘,一直打到了汉水东岸。楚昭王急派令尹囊瓦和左司沈尹戌等率军赶至汉水西岸,抵御联军的进攻。

楚军在汉水西岸扎下营寨之后,主将们便一起来到汉水岸边隔岸观察敌情,以确定退敌之策。沈尹戌对囊瓦说:"您在汉水西岸坚守，正面牵制吴军，我北上集结兵力，迂回到吴军的侧后，毁坏吴军的船只，堵塞三关，断绝他们的退路，然后我们前后夹击，一定可以大败吴军。"囊瓦觉得他的这一主张可行，便率主力在汉水西岸驻守，沈尹戌则带领楚军一部，沿汉水向方城（今河南方城县境内）方向进发，以对吴军形成迂回包抄之势。

沈尹戌奔赴方城后，汉水西岸的楚军坚守了数日，并不见吴军强渡。这时，楚国的武城黑沉不住气了，向囊瓦建议道："吴军用的是木栈车，我们驾的是皮革车，不利于持久，不如速战速决吧。"大夫史皇随声附和，说："楚国上下都与您疏远而拥护沈尹戌司马。如果他毁坏了吴国的船只，又把三座关口堵住，大功就属于他了。您应当立即进攻，否则，您不但不能立功，恐怕连现在的位置也保不住了。"囊瓦听从武城黑和史皇的挑拨怂恿，贪功心切，于是一改原先商定的作战计划，不待沈尹戌军完成迂回包抄行动，决定单独率领楚军主力渡过汉水向吴军进攻。

孙武鉴于楚军势盛，建议吴王避其锐气，统率大军沿汉水东岸后退，后退疲敌，寻机决战。囊瓦企图速战速决，见吴军不战而退，错误地认为对方怯战，于是率领楚军紧追不舍。从小别山（山名，今湖北汉川东南）至大别山（今湖北境大别山脉）之间，吴楚三次交锋，楚军都没有占到什么便宜，锐气大大受挫。吴军边打边退，退到柏举（今湖北麻城东北）时突然停了下来，抢先布好阵势，准备迎击楚军。囊瓦率军赶到，不及休整，仓促布阵，投入战斗。吴王阖闾见楚军势大，也不敢贸然进攻。

吴军先锋、阖闾的弟弟夫概建议说："囊瓦在楚国一向不得人心，部下肯定不会为他死战。我们如果抢先进攻，楚军士卒必定会逃跑，这样我们就可以乘胜追歼。"吴王没有听从他的建议，认为楚军势大，坚持固守，等待时机。夫概不愿放弃这个求胜的机会，心想:"做臣子的只要做得对,不一定非得等待君王的命令。"于是,他当机立断,率领自己的部众,冲向楚军中间的方阵。囊瓦下令楚军反击。楚军将士抵挡了一阵之后,便四散溃逃了。夫概率领吴军勇猛突击,楚军中间方阵片刻之间即告瓦解。吴王阖闾见夫概的中间突击取得成功,马上放弃观望,迅速指挥大军投入战斗。楚军抵挡不住吴军的全线进攻,全线溃逃。囊瓦惊慌失措,知道败局已无法挽回,不敢回国,只身逃到郑国去了。大夫史皇率部殊死决斗,掩护楚军主力撤退,最后战死。武城黑带领楚军残部向西逃跑,一直退到清发河(今湖北安陆)边,眼见吴军迫近,他便一面命前军备船渡河,一面令后军布阵势掩护。

吴王追至河边,阖闾就要马上发起攻击。夫概建议道:"敌人现在深陷死地,必然会拼命作战。不如让他们先渡河,等他们渡过一半的时候,渡过河的急于逃命,没有渡河的一心渡河,自然就无心抵抗了。"阖闾采用了他的"半渡而击"的计谋,再度给渡河逃命中的楚军以沉重的打击。楚军残部逃至雍澨(今湖北京山西南),终于与由息地(今河南息县西南)回救的沈尹戌部会合。楚军决定重整旗鼓,同追击而来的吴军再次决战。

吴军连战连胜,士气大振,愈战愈勇。楚军连受重创,将士无心恋战。经过反复激烈的拼杀,楚军再次战败,沈尹戌阵亡,楚军彻底失败。吴军势如破竹,一直进攻到楚国的都城郢(今湖北江陵)。楚昭王丢弃建都两百年的郢城,仓皇出逃。

齐国逼孔子让位

鲁定公十四年(公元前496),孔子56岁的时候,由大司寇代理国相职务。孔子参与国政三个月,鲁国被治理得井井有条:贩卖牲口的商人不再敢漫天要价;男女行人走路的时候各走一边;有东西掉在路上也没人捡走;外地的旅客来到鲁国的各个城邑,也不用再向官员们求情送礼,就都能得到满意的照顾,好像回到了自己的家中一样。

齐国的国君听到这个消息之后,就害怕了起来,同大臣们商量说:"孔子在鲁国这样执政,鲁国迟早会称霸,一旦鲁国称霸,我们齐国离他最近,必然会首先被他们吞并。我们还是先送些土地给他们,巴结巴结他们吧。"一个叫黎钼的大臣说:"我们先试着阻止他们一下吧,如果阻止不成,再送给他们土地也不晚。"于是,齐国挑选了80个美貌的女子,都穿上华丽的衣服,教她们学会了跳舞,连同120匹好马一起送给鲁国的国君。齐国的使者先把美女和马匹安置在鲁国都城南面的高门外。鲁国执掌实权的季桓子身着便服偷偷地前往观看了好几次,打算接受下来,就告诉国君自己外出到各地周游视察,乘机整天到南门观看齐国的美女和骏马,连国家的政事也懒得去管理了。子路看到这种情形,知道鲁国君臣难成大器,便对孔子说:"老师,我们可以离开这里了吧。"孔子说:"鲁国马上就要在郊外举行祭祀了,如果能够按照礼法把典礼之后的祭肉分给大夫们,那么我们还是可以留下不走的"。季桓子终于接受了齐国送来的美女,一连三天不处理政务;在郊外祭祀束后,又违背礼法,没把祭肉分给大夫们。孔子见鲁国的实际掌权者如此沉迷于女色,就率领弟子们离开了鲁国,开始了周游列国的生涯。

齐国因害怕鲁国的强大,用女色来迷惑鲁国的执政者。孔子深知,一个国家的执政者如果沉迷女色而不理政事,是无法与其共事的,因此只好出走,另寻可以接受并实行他的政治主张的"明主"。齐国没费多大的力气就将鲁国的贤人逼走,削弱了它的力量,所使用的正是"釜底抽薪"之计。

第二十计　混水摸鱼

【题解】

"混水摸鱼"原意是在水混浊的时候,鱼儿分辨不清方向,如果乘机摸鱼,就会收获颇丰。后比喻乘混乱之机捞取利益。作为军事斗争中的计谋,"混水摸鱼"则是指乘敌人内部混乱或者不同力量相互角逐、难分难解之时,把握住机会,获得军事上的优势或者利益。

乘其阴乱,利其弱而无主。随,以向晦入宴息①。

按:动荡之际,数力冲撞②,弱者依违无主③,敌蔽而不察,我随而取之。《六韬》曰④:"三军数惊,士卒不齐,相恐以敌强,相语以不利,耳目相属,妖言不止,众口相惑,不畏法令,不重其将:此弱征也。"⑤是鱼⑥,混战之际,择此而取之。如:刘备之得荆州⑦,取西川⑧,皆此计也。

【注释】

①随,以向晦入宴息:出自《易·随》的象辞,原文为:"随,君子以向晦入宴息。"随,有人随天时之意。晦,晚上、夜。高亨注引翟玄曰:"'晦者,冥也。'冥谓暮夜也。向晦犹今言向晚也。"

宴息,即休息。　②冲撞:相互冲击碰撞,这里指不同力量间相互角逐、相互争斗。　③依违:迟疑,举棋不定。　④《六韬》:我国古代兵书名,旧题周吕望(即姜太公)撰。全书分文韬、武韬、龙韬、虎韬、豹韬、犬韬六卷,故称"六韬"。　⑤三军数惊,士卒不齐,相恐以敌强,相语以不利,耳目相属,妖言不止,众口相惑,不畏法令,不重其将:此弱征也:出自《六韬·龙韬·兵征》。耳目相属,指相互之间交头接耳、窃窃私语。妖言,怪诞不经的邪说。征,预兆、迹象。　⑥鱼:这里指作为各方力量争夺对象的弱小势力。　⑦荆州:古代"九州"之一,在荆山、衡山之间。汉代时为十三刺史部之一,辖境约相当于今天的湖南、湖北二省及河南、广西、广东、云南的一部分,汉末以后辖境逐渐缩小。　⑧西川:今四川西部一带。

【译文】

敌人内部发生混乱之际,要利用它力量削弱、没有主事之人这一有利条件。这时候敌人顺从于我,就像人顺从天时,到了晚上要睡觉一样自然。

按语:在社会动荡的时候,各种力量相互角逐,弱小的势力在该依附哪一方、背离哪一方的问题上举棋不定,而与我方敌对的势力对此又没有觉察,这时候就要抓住机遇让这个弱小的力量依附于自己。《六韬》中说:"如果军队屡次遭受惊扰,军卒就难以步调统一,会以敌人力量的强大相互恐吓,将己方不利的形势相互传播,相互间交头接耳,怪诞不经的邪说无法禁止,大家相互蛊惑,不再畏惧法令,不再尊重将领:这些都是军队力量削弱的征兆。"军队陷入这种境地之后,就像浑水中的鱼一样,在军队之间相互混战的时候,就应当抓住机遇吞并它。比如,东汉末年刘备取得荆州和西川,采用的都是这一计策。

【战例】

张守珪将计就计

唐朝开元年间,张守珪镇守幽州,防范契丹的侵略,数次出击,每战皆捷。契丹首领屈刺与可突干自知不是张守珪的对手,于是使出了诈降计,派使臣来向张守珪请降。张守珪知道他们不可能真心投降,就将计就计,派足智多谋的部下王悔随同使者来到契丹营中,并告诉他要见机行事。王悔到了契丹首领屈刺的营帐,契丹人本来就没有投降的诚意,于是就想设计杀掉王悔。这时,王悔打听到,契丹将领李过折与可突干因为争权夺利产生了过节,于是他就偷偷溜到了李过折的营帐中,对他晓以利害,并答应只要他除掉契丹中与大唐作对的屈刺和可突干,并且归顺唐朝,就保举他在唐朝封侯拜爵。李过折听从了他的诱导,杀掉了屈刺和可突干,并将其余党全部消灭,率众归降。李过折因功被封为北平王,统帅契丹人马,但不久就被可突干的余党所杀。事见《旧唐书·张守珪传》。张守珪和王悔之所以能够取胜,他们所用的策略,就是利用敌人内部的矛盾,挑起混乱,然后乘机从中取利。

刘备趁乱取荆州

在诸葛亮为刘备提出的隆中对策中,诸葛亮就建议刘备,应当取得荆州作为自己的根据地。他认为,荆州处于南北要冲,是一个军事要地,可是刘表做事优柔寡断,这块地方迟早会落入他人之手。如果刘备能够占据荆州,再伺机进占益州,然后对外联合孙权,对内整顿内政,群策群力,积蓄力量,一旦有机会,就可以派人从荆州、益州两路发兵,讨伐曹操。到那时,就可以成就功业,恢复汉室了。刘备对诸葛亮的分析深表赞同。

荆州包括现在的湖南、湖北等省的部分地区,管辖长江南北20

多个郡,是个四通八达的地方,地理位置极为重要。同时,这里又是鱼米之乡,经济、文化发达,人口比较集中。因此,各方力量都对这块肥肉垂涎三尺。早在孙权的父亲孙坚在世时,就为了与刘表争夺荆州,战死在这里。刘表死后,鲁肃又提醒孙权说:"荆州与我们连在一起,地势险要,土地肥沃,人民富足。如果占据了这块地方,对于您的帝王之业来说,将会有极大的帮助。"然而,还没等到孙权行动,曹操就抢先一步,吞并了荆州。

  不久之后,赤壁之战爆发,曹操大败而归,结果只保有了八个郡。刘备趁东吴和曹操争得不可开交之际,乘机抢占了长江以南的武陵、长沙、桂阳和零陵四郡,并在那里站稳了脚跟。随后,又通过诸葛亮等人的外交努力,把南郡从孙权那里"借"了过来。南郡在长江的北岸,境内的江陵是荆州的治所。刘备进驻江陵之后,实际上已经完全控制了荆州。就这样,刘备在曹操和孙权的夹缝中"混水摸鱼",占据了一块稳固的根据地,为以后的三分天下奠定了基础。

第二十一计　金蝉脱壳

【题解】

"金蝉脱壳"作为军事斗争中的计谋名称,最晚在元代之前就已经存在了,如元代戏剧家施惠所写的《幽闺记》第七出中,有"曾记得兵书上有个金蝉脱壳之计"。作为军事斗争中的计谋,"金蝉脱壳"指在军事行动中要巧妙地制造假象,使自己主力的行动不为外人所知,从而达到出其不意的效果。

存其形,完其势①,友不疑,敌不动,巽而止蛊②。
按:共友击敌③,坐观其势④。倘另有一敌,则须去而存势。则金蝉脱壳者,非徒走也,盖为分身之法也。故我大军转动⑤,而旌旗金鼓,俨然原阵⑥,使敌不敢动,友不生疑,待己摧他敌而返,而友敌始知,或犹且不知。然则金蝉脱壳者,在对敌之际,而抽精锐以袭别阵也。

【注释】

①完:保持。　②巽而止蛊:出自《易·蛊》,原文为:"蛊,刚上而柔下,巽而止,蛊。"巽,顺,伏。蛊,迷乱,祸害。

③共：同，和……一起。　　④坐观：坐视，旁观。指冷静地观
察和判断，不轻举妄动。　　⑤转动：变动，移动。泛指行动。
⑥俨然：宛然，仿佛。

【译文】

　　保存原有的外形，保持原有的气势，这样友军不会产生怀疑，敌军不敢轻举妄动，用隐蔽的方法避免敌人的祸害。

　　按语：与友军联合对敌军作战，要冷静地判断形势的变化。如果发现还有一个敌人，在分兵打击这个敌人的时候要保持住原有的阵势，不要让别人发觉自己军事力量的转移。所谓的"金蝉脱壳"，并不仅仅是消极地逃跑或撤退，而是分兵作战的一种方法。所以当我方军队转移的时候，要使旌旗和金鼓都保持原来的样子，好像阵势没有发生改变一样，让敌人不敢轻举妄动，友军也不会产生任何猜疑，等到我军打垮了其他敌军回到原地之后，敌人和友军才知道我军曾经发起过其他的军事行动，甚至最终都让他们蒙在鼓里。由此可见，金蝉脱壳之计，就是在与敌人作战时，抽调自己的精锐军队来袭击别的敌人时所采取的计谋。

【战例】

刘邦荥阳逃脱

　　楚汉战争时，有一次，项羽把刘邦围困在荥阳（今河南荥阳），刘邦想要割地讲和，项羽在范增的劝说下没有答应。汉军的形势越来越危急，将军纪信对刘邦说："事情已经很紧急了！请让我诱开楚军，您还有机会逃出去。"于是，当天夜里，荥阳东门大开，两千多老百姓突然涌出，楚军于是四面合围过来。这时，纪信乘着刘邦的车子，穿着刘邦的衣服，车上张着帝王专用的黄缯车盖，并派人告诉楚军说："城中粮尽，汉王出来向楚王投降。"楚军都高兴地高呼万岁，以为战争结束了，围城的士兵都到东城来围观。此时，刘邦却带着数十骑，从西门偷偷地逃走了。

第二十二计　关门捉贼

【题解】

"关门捉贼"的原意是关起门来使敌人无路可逃,从而成功地将其擒获。一般来说,当人感觉力量对比悬殊而又毫无逃脱的可能时,就容易磨灭气势,甚至放弃抵抗。"关门捉贼"的战术历来被军事家所重视,例如,《孙子兵法·谋攻篇》中说:"故用兵之法,十则围之,五则攻之,倍则分之。"孙子这里提出了这样一条用兵的原则:己方兵力十倍于敌就包围敌人,己方兵力五倍于敌就进攻敌人,己方兵力两倍于敌就分兵消灭敌军。这一原则,包含了集中兵力、包围聚歼等思想,与"关门捉贼"之计的思路是一致的。古人说:"穷寇莫追",对于为了活命而逃逸的敌人,如果急切追赶,他们便会狗急跳墙,拼力死斗,即使能够取胜,也要付出很大的代价,因此第十六计提出"欲擒故纵"的方式以消耗敌人的士气。但是,当敌人感觉毫无逃生的可能时,就可能因绝望而放弃抵抗,从而更容易消灭。因此对于小股的敌人,就要通过集中兵力、包围聚歼等方式,给予其全无退路的打击,一举歼灭,以防敌人逃脱,以免在追赶或者以后再寻机消灭时付出更大的代价。

小敌困之。剥,不利有攸往[①]。

按：捉贼而必关门者，非恐其逸也②，恐其逸而为他人所得也；且逸者不可复追，恐其诱也。贼者，奇兵也③，游兵也④，所以劳我者也。《吴子》曰⑤："今使一死贼，伏于旷野，千人追之，莫不枭视狼顾。何者？恐其暴起而害己也。是以一人投命，足惧千夫。"⑥追贼者，贼有脱逃之机，势必死斗；若断其退路，则成擒矣。故小敌必困之，不能，则放之可也。

【注释】

①剥，不利有攸往：出自《易·剥》的象传，原文为："剥，剥也，柔变刚也。不利有攸往，小人长也。"剥，有剥离、走脱之意。 ②逸：逃逸，逃脱。　　③奇兵：出乎敌人意料而突然袭击的军队，常与"正兵"相对。如宋代陈亮《酌古论·李靖》中说："正兵，节制之兵也；奇兵，简捷之兵也。"　　④游兵：流动作战的小股军队。《草庐经略·游兵》中说："游兵者，谓其兵无定在也。必士果锐而骑超捷，将勇悍而善应变。时而东，复时而西；时而出，复时而入。敌怒而迎，我引而退；敌倦而息，我临而扰。击其左，击其右，击其前，复击其后，击其懈弛而无备，仓卒难救。抄其谷食，焚其积聚，劫其辎重，袭其要城，取其别营，绝其便道。或朝或暮，伺敌之隙，乘间取利。飘忽迅速，莫可踪迹。"　　⑤《吴子》：即《吴起兵法》。战国时卫国人吴起所撰，与《孙子兵法》齐名，世称"孙吴兵法"。　　⑥今使一死贼，伏于旷野，千人追之，莫不枭视狼顾。何者？恐其暴起而害己也。是以一人投命，足惧千夫：出自《吴子·励士》。死贼，不顾性命的盗贼，也引申为敢死的勇士。枭视狼顾，如枭

盯视,如狼频顾,形容行动警惕,有所畏忌。暴起:突然跃起或兴起。投命,舍命,拼命。

【译文】

对于小股敌人,要包围起来一举歼灭。如果让他们走脱再急追远赶,对我方将会很不利。

按语:捉拿盗贼的时候一定要先把门关上,不仅仅是怕他逃跑,而是怕他逃掉之后被别人所利用,给我方造成更大的不利。况且,对于逃跑的贼寇不能再追赶,以免中了其诱敌之计。军事斗争中所谓的"贼",就是指敌人不按常规战法布置的"奇兵"和善于流动作战的"游兵",都是专门骚扰我军,使我军疲惫的。《吴子》中说:"假设有一个敌人的亡命之徒,埋伏在旷野之中,就要派出上千个人去搜索、追赶他,并且每一个人都要集中精力,提高警惕。为什么要这样做?就是因为怕他突然之间从某个地方跳出来伤害自己。所以说一个人拼命,足以让一千人恐惧。"追赶盗贼的时候,盗贼有逃脱的机会,一定会殊死搏斗;而如果断绝其退路,盗贼就会束手就擒。所以,对于小股的敌人,一定要包围起来一举歼灭,如果不能一举歼灭,那么暂时放了他们也是可以的。

【战例】

俄罗斯歼灭土耳其舰队

经过彼得大帝改革,原本以农奴制为基础的欧洲落后国家俄国迅速崛起,并大肆对外进行领土扩张。18世纪中期,叶卡捷琳娜成为沙皇后,将扩张的目标瞄向黑海,打算在此打通一个出海口。但是,控制黑海的土耳其当时还是一个实力强大的国家,而要进入黑海,就必须越过这个屏障。

1769年8月,波罗的海舰队的部分舰只经过长途跋涉,经过大西洋、地中海,于次年5月到达爱琴海,开始与土耳其海军对峙。

当时，无论是从数量上还是补给上，土耳其海军都占据着绝对优势。但是，土耳其方面也并不是没有被击败的可能。一方面，土耳其人认为俄国舰队从海上绕行欧洲一圈来到自己的家门前几乎是不可能的事情，因此一直在防范上处于比较懈怠的状态。另一方面，土耳其海军虽然貌似强大，但其阵容部署极为死板，将领才能不高，士兵素质低下，情报工作和应变能力等都做得非常不到位。

俄国舰队突然出现在爱琴海之后，土耳其舰队并没有乘其长途跋涉之机果断地发起主动进攻，而是犹豫不决，畏首畏尾。而俄国军队却迅速地进入状态，对土耳其舰队发起进攻。土耳其人本来就没有一决胜负的信心和热情，结果没有经过激烈的战斗就主动后撤，以自己的炮兵阵地作为屏障，居于守势。于是俄国舰队获得了从容布置兵力的有利时机。

7月5日，俄军发起攻击。战斗刚刚开始，土耳其舰队便溃不成军，舰只纷纷砍断锚链，逃入切斯马港中躲藏起来。

俄军将领经过分析后认为，土耳其舰队之所以消极抵抗，固然有其缺乏信心和战斗热情的原因，同时，也有想以此拖垮俄军的意图。俄国舰队远离自己的后方，补给上非常困难，难以持久周旋；土耳其人本土作战，据险防守，不主动进行正面交锋，就是等俄军供给消耗完之后不战自败。因此，俄国舰队必须主动进攻，速战速决。

于是，当天夜里，俄国舰队首先封锁了切斯马港的出口，然后用舰上的重炮对被困于港内的土耳其军队展开猛烈轰击。土耳其军队消极防守，不主动寻找战机，无异于自己束缚了自己的手脚，处于被动挨打的境地，为俄国舰队从容进行攻击创造了机会。7月6日晚，俄国舰队对龟缩于港内的土耳其舰队发起总攻。首先，在强大的炮火掩护下，俄国人将4条纵火艇拖到土耳其军舰旁边，迅速使敌舰燃烧。接着，俄国舰队的全面进攻开始。3艘军舰突入港口,担负主战任务,另外两艘军舰分别攻打岸上南北两面的炮兵阵地,使炮兵无法发挥作用,其余军舰都守在港口的出口处,防止土耳其舰队逃脱。土耳其军舰一艘艘燃起大火,又引燃了舰上的弹药,爆炸声惊天动地。土耳其人处处挨打,逃生无路,完全丧失了斗志。俄军仅用了一天多的时间,仅以死亡11人的代价,就将土耳其舰队彻底消灭。

俄军使土耳其军遭受了二百年来最惨重的一次失败,就在于允分运用了"关门捉贼"、速战速决的策略,将土耳其舰队一举歼灭。俄国人如果不是果断采取这一战术,对于一支劳师远征的军队来说,后果将不堪设想。

第二十三计　远交近攻

【题解】

"远交近攻"本是战国时范雎为秦国提出的一种外交策略。《战国策·秦策三》记载，范雎入秦见到秦昭王后，对他说，大王您越过韩、魏两国直接去攻打齐国的策略是不明智的，齐国路途遥远，并且是东方的强国，出兵少了无济于事，出兵多了则秦国负担不起。他认为，秦国原来的策略考虑得太粗疏了，不如采用"远交近攻"的策略，占领一寸土地就能够得到一寸土地，占领一尺土地就能够得到一尺土地。因此，他建议秦昭王，如果想要称霸天下，必须先消灭韩、魏两国，这样就能从南北两方威胁楚国和赵国，迫使两国归附。楚国和赵国被控制，齐国就会害怕，从而恭敬地顺从秦国。并且，与齐国结交之后，韩、魏两国没有了外援，就可以彻底灭掉了。秦国采纳了范雎的建议，用这种方法达到了并吞六国、建立统一王朝的目的。在军事斗争中，"远交近攻"也是一条经常被采用的策略，如果违背了这一策略舍近求远，则往往会产生不利的后果。

形禁势格①，利从近取，害以远隔。上火下泽②。

按：混战之局，纵横捭阖之中③，各自取利。远不可攻,而可以利相结;近者交之,反使变生肘腋④。范雎之谋⑤,为地理之定则,其理甚明。

【注释】
①形禁势格:有人认为,"形禁势格"是指当要进攻的军事目标受到地理条件的限制。也有人认为:"所谓'形禁势格'是说世界上充满了矛盾,这些矛盾使世界上所有的事物,包括各种政治势力,既互相联系,又互相制约,从而构成'形势'。"出自于汝波《大话三十六计》,齐鲁书社2003年版,第113页。相较之下,后说较可取。　②上火下泽:《易·睽》中说:"上火下泽,睽;君子以同而异。"这里有顺应事物发展的规律,利用事物之间的矛盾,以实现己方目标的意思。　③纵横捭阖:战国时期,一批从事政治活动的谋士,以审察时势、陈明利害的方法,以"合纵"、"连横"的主张,游说各诸侯国君主,对当时形势有一定影响,其代表人物为苏秦、张仪。苏秦主张合纵,合齐、楚、燕、韩、赵、魏等山东六国之力以抗秦。张仪主张连横,分别游说六国服从秦国。当时谋士一般分属合纵、连横两派。纵横捭阖即指战国时代策士以"合纵"或"连横"之政治主张游说各国诸侯的方法。后来称以辞令测探、打动别人,在政治和外交上运用联合或分化的手段为"纵横捭阖"。
④变生肘腋:比喻变乱发生在内部或身旁。出自《三国志·蜀书·法正传》:"(诸葛)亮答曰:'主公之在公安也,北畏曹公之强,东惮孙权之逼,近则惧孙夫人生变于肘腋之下,当斯之时,进退狼跋。'"肘腋,胳膊肘与胳肢窝,比喻亲信、助手,或切近之地。　⑤范雎:魏国人,字叔,曾为秦国国相。在入秦之后游说秦昭王时,范雎提出了"远交近攻"之策。

【译文】

事物之间由于各种条件的制约会产生相互矛盾、相互制约的现象,这样有利于先攻取近处的目标,不利于攻取相隔遥远的目标。这就是顺应事物发展的规律,利用事物之间的矛盾,以实现己方的目标。

按语:在多种力量相互争夺的形势下,各种力量之间的相互联合、结交等行为,都是为了自身获取利益。与自己距离远的敌人不可以进攻,而结交它对自己有利;如果结交与自己距离较近的敌人,则会使不可意料的变故在身边发生。范雎的谋略,可以说是以地理条件不同为选择策略的普遍原则,其中的道理是非常明显的。

【战例】

烛之武退秦师

春秋时期,晋、秦两国联合攻伐郑国,将郑国的都城包围。危急之下,佚之狐向郑国的国君推荐了烛之武,说:"国家现在很危险,如果让烛之武出使秦国面见秦君,敌人一定会退军。"郑国国君接受了这一建议,打算派烛之武去游说秦王。烛之武推辞说:"我正当壮年的时候,都没有过人之处;如今我老了,更没有什么用了。"郑君道歉说:"我不能早用您,如今事情紧急才来求您,是我的过错啊。然而郑国如果亡国了,对您也没有什么好处啊。"烛之武答应了,当天夜里,缒城而出。

烛之武见到秦王后,说:"秦、晋两国大军围攻郑国,郑国人都已经知道自己要亡国了。如果郑国亡国有益于您,我怎么敢用这件事再过来烦您呢。越过别人的国家将占领的土地作为偏远的边邑,您也知道这是很困难的事情,为什么还要用灭掉郑国来增加邻国的土地呢?邻国实力增加,对您来说就是实力相对削弱。如果放弃攻打郑国,让郑国成为您东行路上的主人,帮助您物资上的来往,给您的使者提供后勤保障,对您也没有什么害处吧。况且您也已经领教过了晋君的为人,他许给秦国焦、瑕两个地方,可他早上渡过黄河,下午就开始加强这两地的防范戒备,这是您所知道的。对于晋国,怎样才能够满足它的贪心呢?郑国成为它东方的边境,那么它就会接着扩张西方的土地。这时,不削减秦国的版图,它的土地从哪里来?攻打郑国是在削弱秦国、有利于晋国,大王您还是再好好考虑考虑吧。"秦王觉得烛之武说得有道理,就放弃了攻打郑国的计划,并与郑人结盟,派杞子、逢孙、扬孙帮助郑国防守,自己则回国了。烛之武用近不可交、远不可攻的道理说服了秦王,从而使郑国免除了一场灭顶之灾。

郭解不贪功

西汉时期,有一位著名的大侠叫郭解。有一次,洛阳有一个人因为与他人结怨,多次央求地方上有名望的人士出来调停,可是对方死活不给面子。后来,这个人找到郭解门下,请他来出面化解这段恩怨。

郭解接受了他的请求,来来回回做了大量的说服工作,好不容易使那个人的仇家同意了和解。一切事情都谈妥之后,郭解对委托他的那个人的仇家说:"你还要帮我一个忙。这件事,听说过去许多当地有名望的人都没能调解成功。这次我很幸运,你也很给我面子,让我了结了这件事。我非常感谢你,但同时也为自己担心。毕竟我是个外乡人,本地人出面不能解决的问题,由我这个外地人来解决了,未免使本地那些有名望的人感到丢面子。"

他接着说:"这样吧,请你再帮我一次,你先装作这个问题我也没能解决,这样等我明天离开此地之后,本地的几位绅士和侠客还会上门,你把面子给他们,答应他们同意和解吧,拜托了。"

郭解并非不想要面子，而是他知道，如果他贪功，就会使洛阳许多有名望的人对他不满，这样假如日后他再想到洛阳来办什么事情，肯定会遇到麻烦。人都爱面子，今天你给他面子，有朝一日你求他办事，他自然要"给回面子"，至少不会故意在你背后下绊子。这就是操作人情账户的精义之所在。

第二十四计　假途伐虢

【题解】

"假途伐虢"又称"假道伐虢"、"假途灭虢",这个故事在中国可谓家喻户晓,发生在春秋时期。《左传·僖公五年》记载:晋国为了攻打虢国,向虞国借路,在消灭虢国回师的途中,顺便把虞国也灭了。"假途伐虢"用在军事斗争中,常常指力量强大的一方为了消灭另外一方,利用威逼利诱等方法使其他的弱小力量服从自己,以利于自己开展军事行动,等到消灭了敌人之后,再伺机将该弱小力量顺势吞并。

两大之间,敌胁以从,我假以势。困,有言不信①。

按:假地用兵之举,非巧言可诳,必其势不受一方之胁从,则将受双方之夹击。如此境况之际,敌必迫之以威,我则诳之以不害,利其幸存之心,速得全势,彼将不能自阵,故不战而灭之矣。

【注释】

①困,有言不信:出自《易·困》的象传,原文为:"困,刚掩也。

险以说,困而不失其所,亨,其唯君子乎! 贞,大人吉,以刚中也。有言不信,尚口乃穷也。"

【译文】

对于夹在两个大势力中间的小势力,如果敌方打算胁迫它、使它屈从,我方就要出动力量去支持。对于处于困境者,只凭空谈是无法取得其信任的,必须有实际的行动。

按语:以对敌国采取军事行动为借口借用别人的土地,这不是通过花言巧语就能达到目的的,一定要使自己打算借用的小国面临如果不屈从于一方,就会受到双方夹击的境地。在这种境况之下,敌人一定会用威力来胁迫它,而我方则以不使它受到侵害来利诱它,以迎合它侥幸图存的心理,迅速地控制整个局势,使其不能保守自己的阵势,从而达到不战而胜的目的。

【战例】

假道伐虢

晋国的南面有两个小国,一个叫虞,一个叫虢。这两个近邻国家都与周王室同宗,所以相处得很好。晋献公为了夺取崤函要地,决定南下攻打虢国。但是,虞国紧邻虢国的北境,为晋攻虢的必经之途。晋献公害怕这两国联合抗晋,就找大夫荀息商议。晋献公问:"现在我们能讨伐虢国吗?"荀息说:"不能。虞和虢两国的关系还很好,虢国的戒备也很森严。我看这样吧,我们先给喜欢玩乐的虢公送些美女去,让他尽情享乐,消磨他的意志。"晋献公依计而行。虢公得了晋国的很多美女,非常高兴,还以为是晋国向自己表示友好,自然放松了对晋国的戒备之心。从此之后,他天天有那么多美女陪着,只顾玩乐,不理政事了。

荀息得到从虢国传来的消息,对晋献公说:"现在可以攻打虢国了。不过,我们还要先离间虞国和虢国的关系,让虞国不要去援救虢国。虞国国君很贪财好利,大王您只要把您的爱物璧玉和宝马送给他,向他借条路去讨伐虢国,他肯定会答应。然后我们让犬戎去侵扰虢国,趁虢国忙于对付犬戎之际,我们就可以乘机消灭它。虢国没有了虞国的帮助,肯定会灭亡。同样,虞国没有了虢国的帮助,我们也可以顺便灭了它。"晋献公听了荀息的妙计,连声说好。可一想到要把自己喜欢的宝马和璧玉送给虞公,又有些犹豫了。荀息看出了晋献公的心思,说:"虞国灭了,宝马和璧玉不就又是您的了吗?我们只不过是把这两件宝物暂时寄存在虞国罢了。"晋献公一听说得有理,就同意了这个计策。

晋献公首先派人去贿赂犬戎,让他们骚扰虢国。犬戎收了晋国贿赂后,答应了晋国的要求。虢公亲自率领大军在桑田抵御犬戎。然后,晋献公派荀息出使虞国。荀息见到虞公,献上宝马与璧玉,说:"虢国人经常侵犯我们晋国,我们忍无可忍,决定出兵惩罚他们。我们国君把这两件镇国之宝送给您,希望向贵国借一条道儿去讨伐虢国,倘若我们胜利了,所有战利品都送给大王您。"虞公看看璧玉,又看看宝马,满口答应。

虞国大夫宫之奇看穿了晋国的阴谋,连忙走到虞公面前劝阻说:"大王,您可千万不要答应啊!虞、虢两国山水相连、唇齿相依,俗话说'唇亡齿寒',嘴唇如果没有了,牙齿就会挨冻。虢国如果灭亡了,虞国就一定保不住。今天您借道给晋国,他们灭了虢国后,接着就会灭了我国,大王您可要三思呀!"虞公瞪了宫之奇一眼,说:"晋君把这么好的宝贝给了我,我又怎么能吝惜手指宽的一条路呢?况且失去了虢国一个小国,结交晋国一个大国,这不是非常划算的好事吗?"宫之奇料定虞国必然要被晋国灭亡,就带着一家人及早离开了虞国。

荀息回去后,晋献公就任命大将里克率军去攻打虢国。当晋军路过虞国时,虞公见晋军十分强大,就讨好说愿意助战,愿意做晋国军队的前锋。荀息说:"虞公正在和犬戎打仗,您带领军队,假装上去助战,虢国一定放您进城。我们让晋兵冒充您的军队,只要他们一开城门,我们就可以轻而易举地拿下他们的下阳。"虞公听从了荀息的安排。里克和荀息让自己的士兵冒充虞国军队,顺利地攻下了虢国的主要城池下阳。虢公一听下阳失守,赶快带兵回来救援,结果被犬戎杀得大败。晋国趁机灭了虢国。

灭了虢国后,里克把从虢国所得珍宝的三成献给虞公,虞公非常高兴。里克假装自己生了病,请求虞公让军队驻扎在虞国城外,自己养好病后再走,虞公不但欣然同意,还三天两头派人来送药问候。

晋国军队在虞国一驻扎就是一个多月。晋献公来到虞国,虞公很高兴地欢迎他,并与晋献公一起到郊外打猎。正在高兴的时候,忽然有人来向虞公报告,说城里失火。虞公急忙赶到城下,抬头一看,里克正在城头上站着,说:"您以前借路让我们顺利拿下虢国,我们非常感谢。今天您又把虞国给了晋国,再次向您表示感谢。"虞公一听,气得差点没从车上掉下来。这时,晋献公从后面赶来,笑着对他说:"其实我这次前来,是为了取回我的宝马与璧玉的。"

苻坚吞并燕国

公元339年,东晋桓温举兵讨伐北方的少数民族政权燕国。燕国的统治者慕容玮派使臣到前秦求援,并答应解围之后把虎牢关以西地区送给前秦作为回报。秦王苻坚与群臣商量此事,大臣们意见不一,许多人不同意出兵救燕,理由是桓温攻打前秦时,燕国人袖手旁观,没有提供任何帮助。然而,王猛却不同意这种意见,他认为,如果桓温消灭了燕国,东晋的力量就会大大增强,一定会回过头来对付前秦,这对前秦是非常不利的。如果与燕国合力攻打桓温,从力量的对比上来说,取胜的可能性非常大,而燕国为了解围,也必然会全力死战,经过交战之后,燕国必然会元气大伤,前秦就可以顺势消灭燕国。苻坚接受了王猛的建议,决定派兵救燕。在两国的联合抵抗下,桓温被迫退兵。取得胜利之后,前秦向燕王索要先前许诺的虎牢关以西的土地。燕王此时觉得心疼,有意抵赖,而这正给了前秦借口,前秦趁机吞并了燕国,势力进一步壮大,为统一北方迈出了坚实的一步。

第五套　并战计

第二十五计　偷梁换柱

【题解】

汉代王充《论衡》中有："传语又称纣力能索铁伸钩，抚梁易柱，言其多力也。"唐朝张守节《史记正义》引《帝王世纪》也说："纣倒曳九牛，抚梁易柱。"意思是纣王的力气非常大，能够手托房梁换柱子。后来"抚梁易柱"一词演变为了"抽梁换柱"或"偷梁换柱"，意思也发生了改变，比喻改换事物的形式或内容。"偷梁换柱"用于军事斗争中，指通过观察敌军的布置，暗中设计调换其主力，以利于自己的军事行动。

频更其阵，抽其劲旅，待其自败，而后乘之。曳其轮也①。

按：阵有纵横，天衡为梁②，地轴为柱③。梁柱以精兵为之，故观其阵，则知其精兵之所在。共战他敌时，频更其阵，暗中抽换其精兵，或竟代其为梁柱；势成阵塌，遂兼其兵④。并此敌以击他敌之首策也。

【注释】

①曳其轮：出自《易·既济》。曳，拖住。　②天衡：一作"天冲"。指部署在阵形前后的兵力，作用类似于房屋的大梁。

③地轴：指部署在阵形中央的兵力，作用类似于房屋的柱子。

④兼：兼并，吞并。

【译文】

使敌人频繁地变化阵势，暗中抽换它的主力，等到它自己趋于失败之后，再趁机消灭它。这就是拖住车的轮子就控制住了车的运行的道理。

按语：排兵布阵有纵横的主干，部署于阵前阵后的"天衡"好比房屋的横梁，部署于阵中的"地轴"好比房屋的柱子。"梁"和"柱"都以精锐兵力来部署，所以考察阵势，就知道精锐兵力在什么地方。对于暂同我军一起与敌军作战的同盟军，要设法频繁地变更其阵势，暗中抽换它的精兵，或者直接用我方的兵力作为它的"梁"和"柱"；这种阵势一旦形成，它的力量就会垮掉，这样就可以兼并它的军队。这是兼并一支敌军以击败另外一支敌军的首选之策。

【战例】

曹操解白马之围

公元200年2月，袁绍派郭图、淳于琼、颜良等率军围攻东郡太守刘延于白马。袁绍亲自引兵至黎阳，准备渡过黄河南下。4月，曹操率军救援刘延，以解白马之围。这时，曹操手下的谋士荀攸献计说："如今我军兵力少，不是敌人的对手，我们可以通过设法调开它的主力的方式来取胜。您率军先到延津，装出要渡过黄河攻打敌军后方的假象，这样袁绍一定会分兵救应，然后我们可以轻兵袭击白马，掩其不备，则颜良一举可擒。"曹操接受了他的建议。袁绍听说曹操将要渡河，马上分兵救应。曹操于是率军日夜兼行直奔白马,大约离白马十余里时,颜良闻讯大惊,仓促前来应战。曹操派张辽、关羽为前锋,关羽远远看见颜良的麾盖,策马直冲阵中,斩良于万军之中,袁绍手下诸将没有一个人能抵挡,遂解白马之围。

诺曼底登陆

"二战"中,盟军诺曼底登陆的顺利实施,很大程度上得益于通过一系列的伪装,使纳粹摸不清主力在哪里。一方面使自己的主力成功集结,另一方面又把德军的主力吸引到了加莱。

1944年春,美英盟军从法国西部登陆,开辟欧洲战场。为了迷惑和麻痹德军,他们采取了一系列挖空心思的谋划和设计。

首先,他们要告诉德国人,指挥登陆作战的司令官蒙哥马利元帅离开了英国本土,到达了非洲,给德军以盟军打算从法国南部进攻的假象。他们招来一个名叫詹姆士的中尉,让他扮演蒙哥马利。詹姆士和蒙哥马利长得非常相似,并且当过20多年演员,表演极为逼真,英国情报部门对他进行了严格的训练,让他尽快熟悉蒙哥马利的生活习惯和言谈举止,对蒙哥马利生活中的每一个细节都了如指掌。他借助和蒙哥马利将军生活在一起的机会,进行模仿和体会,对蒙哥马利的模仿达到真假难辨的程度。

一切准备停当之后,詹姆士乘飞机到了直布罗陀,在下了飞机后的几场检阅中,他的穿着打扮、每一个微笑和手势、演讲的风格和口气,都活脱脱一个蒙哥马利。就连蒙哥马利的老朋友、直布罗陀总督沙拉尔将军也没有看出任何破绽。

德国人得到蒙哥马利元帅到直布罗陀和阿尔及尔一带组织军队的消息,开始时也半信半疑,连忙派了两名资深间谍去侦察。由于詹姆士在直布罗陀的逼真表演,使德国人确信蒙哥马利改变了登陆地点,真正的攻击目标是法国的加莱海岸一带。

为了进一步迷惑德军,英军派人四处搜寻加莱附近的详细地图,当然这一切都被德国人看在了眼里。同时,他们还召集了一批电影厂的布景师,在英国东南部伪造了一个100多万集团军的集结点。布景师们制造了一批假登陆艇,从泰晤士河运到英国东南海岸,用帆布搭起了许多弹药库、医院、兵营等假建筑,并用帆布和橡胶等制造出一批假坦克、假大炮和假飞机。此外,又在多佛尔海岸建造了一个巨大的假油船码头,配备了防波堤、贮油罐、发电厂、高射炮等设施。这些足以以假乱真的布置,让德国人坚信盟军的登陆地点在加莱附近。希特勒根据情报推测,盟军在英国东南部已经集结了92到97个师的兵力,准备袭击加莱;根据筹备情况,进攻的时间应当是7月份。因此,他把德国最精锐的部队调到了加莱,而驻防诺曼底地区却只有一个装甲师。

6月5日,进攻诺曼底的盟军已经准备停当,当天午夜,飞机、舰艇竞相出动,横渡海峡,向诺曼底进发。此时,盟军的蒙蔽计策仍在实施。两艘由飞机护航的舰艇从英国东南部出发,穿过英吉利海峡,向加莱驶去。军舰上装有电子装置,可以放大雷达上的脉冲波;飞机上不断抛洒下金属碎片,使德军的雷达觉得正有一支庞大的海空联合部队穿过海峡。这一切都让加莱附近的德国守军严阵以待,不敢有丝毫懈怠。

德国人万万没有想到,盟军的主力部队在诺曼底上了岸。当远在德国的诺曼底指挥官隆美尔接到消息的时候,一切都已经太迟了。6月12日,盟军已建立巩固了一个登陆场,32万多人、5万多辆车辆、10多吨物资顺利登陆。欧洲战场的开辟,加速了纳粹德国的崩溃。

诺曼底登陆,美英盟军的"偷梁换柱"之计实施得非常成功,成功隐藏了自己的主力,调动了敌军的主力。

第二十六计　指桑骂槐

【题解】

"指桑骂槐"又作"指桑树骂槐树"、"指桑说槐",比喻明指此而暗中影射彼。用在军事斗争中,"指桑骂槐"指率领部属或者其他弱小力量一起完成军事目标时,可以通过故意责备或者惩罚别人的过失的办法,借以警告那些不服自己指挥的人。"兵圣"孙武在训练和指挥士卒中就深谙"指桑骂槐"之道,在《史记》所记载的"吴宫勒兵"中,他就利用这种方法使一群没有经过任何军事训练的女子在短时间内成为可以赴汤蹈火的战士。

大凌小者,警以诱之。刚中而应,行险而顺①。

按:率数未服者以对敌,若策之不行②,而利诱之,又反启其疑。于是故为自误,责他人之失,以暗警之。警之者,反诱之也。此盖以刚险驱之也。或曰:此遣将法也。

【注释】

①刚中而应,行险而顺:出自《易·师》的象传,原文为:"刚中而应,行险而顺,以此毒天下,而民从之,吉又何咎矣!"关于

"刚中而应,行险而顺"在此处的意义,一说为适当的强硬可以得到拥护,使用果敢的手段可以让人敬服;一说为手段强硬而合乎情理,行为险狠而顺应时势,这样的方法可以得到别人的拥护。今从前者。　　②策:调遣,驱使。

【译文】

当强大的力量加于弱小时,可以使用警示的方法进行诱导。采取适当强硬的手段,能够得到拥护;使用果断的处理方法,可以让人敬服。

按语:统帅数支不服从命令的部属与敌人进行军事斗争,如果调遣指挥的方式行不通,就利用利诱的方法来驱使它们,这样反而会引起它们更大的怀疑。在这种情况下,可以自己故意制造失误,以谴责别人的过失,来进行暗中警告。所谓警告,就是从反面进行诱导。这就是用杀一儆百的方式进行驱使。也可以说,这就是调兵遣将的方法。

【战例】

齐桓公尊王攘夷

公元前770年,平王东迁,由于边境少数民族的进攻和各诸侯国之间的连年征战,周王室逐渐衰微,诸侯不断坐大,王畿的范围越来越小,威信也就越来越低。随着周王室的衰落,许多诸侯却越来越强大,东方的齐国就是其中之一。齐桓公在管仲的辅佐下,积极推行改革,齐国出现了民足国富、社会安定的繁荣局面。

国内的基础打好之后,齐桓公对管仲说:"现在已经国富民强了,可以会盟诸侯了吧?"管仲连忙谏阻道:"时机尚不成熟。当今天下诸侯,比齐国强大的还有许多,南有荆楚,西有秦晋。尽管他们都很强大,但是由于自逞豪强,不知尊奉周王,所以不能称霸。周王室虽然衰微,但仍是天下共主。东迁到洛阳之后,诸侯不去朝拜。如果谁要是能以'尊王攘夷'作为号召,海内诸侯必然会望风归附。"管仲所说的"尊王攘夷",所谓"尊王",就是承认周天子的至尊地位,尊重周朝王室;"攘夷",就是联合各诸侯国,共同抵御戎、狄等边境民族对中原的侵扰。"尊王"和"攘夷"是统一的,"攘夷"才能"尊王","尊王"必须"攘夷"。

谭国是齐国西邻的小国。在齐桓公还是齐国公子的时候,齐国内乱,他出奔时曾经过这里,当时谭国国君对齐桓公很不礼貌。后来齐桓公继位,谭国也没派使臣前来祝贺。齐桓公对此极为不满。按照春秋的礼法,谭国这样做是失礼的,因此管仲建议出兵问罪。谭国本来力量十分微弱,结果很快就被齐国消灭了。

公元前681年,在管仲的建议下,齐国与宋、陈、蔡、郑等国在齐国的北杏会盟,商讨安定宋国之计。临近齐国的遂国也在被邀之列,但没有参加。为了提高齐国的威望,齐桓公又出兵把遂国消灭。

鲁国本来比较强大,此前还曾在曹刿的指挥下,在长勺战役中大败齐军。但此时,因齐国力量的壮大,鲁国接连被齐国打败,又看到诸侯国都顺从齐国,不服从齐国的谭、遂两国又被消灭,所以也屈服于齐国。

不久,宋国叛齐。次年,齐桓公邀请陈、曹共同出兵伐宋。为了名正言顺,又向周王请求以王室的名义派兵。周王室派大臣单伯带领王师,与三国军队共同伐宋。结果宋国屈服了。

这时候,齐国周围的几个诸侯国中,鲁、宋、陈、蔡、卫都先后屈服于齐国,谭、遂两国已被消灭,只有郑国还在内乱。管仲因此建议齐桓公出面调解郑国内乱,以此来提高齐国的地位,加速实现做霸主的目的。公元前680年,齐桓公联合宋、卫、郑三国,又邀请周王室参加,在鄄会盟。第二年,齐桓公又以自己的名义召集宋、陈、卫、郑,再一次在鄄会盟。至此,齐桓公已成为公认的霸主。

公元前667年冬,齐桓公召集鲁、宋、陈、卫、郑、许、滑、滕等国君,又在宋国的幽会盟。周惠王也派召伯参加。这是一次盛会,规模空前,几乎所有中原国家都参加了这次会盟。在盟会上,召伯又以周天子的名义,向齐桓公授予侯伯的头衔。齐桓公成了名副其实的霸主,威望布于天下,德名远播诸侯。

在中原各国逐渐承认齐国盟主地位的时候,边境的狄人和山戎人也逐渐发展起来。他们屡屡举兵犯境,烧杀抢掠,给中原各国造成了严重威胁。公元前664年,山戎攻打燕国,阻止燕国通齐,燕庄公抵挡不住,向齐桓公告急。管仲认为,当时给中原诸国造成威胁的,南有楚国,北有山戎,西有狄。要想征伐楚国,必须先进攻山戎,北方安定,才能专心征伐南方。如今燕国有难,求救于齐国,正是进一步在诸侯中树立威望的千载难逢之机。齐桓公深以为然,遂派兵救燕。山戎听说齐军将至,掳掠一番后解围而去。齐军与燕军合兵一处,北出蓟门关追击,大败山戎兵,山戎首领带着残兵败将逃入孤竹国。齐军一鼓作气,又灭了令支和孤竹,得到土地500里,但全部给了燕庄公,补偿山戎掳掠所造成的损失。

当时,西北方的狄人也兵进中原,先后攻打邢国和卫国,齐桓公不但派兵赶走了狄人,而且分别修筑了夷仪城和楚丘城来封赠失去土地的两国人民,还送给他们许多财物。邢、卫两国在齐桓公的主持下,得以复国。当时人们都赞赏地说:邢国人迁进新都城,好像回到了老家;恢复后的卫国,人们心情高兴,也忘记了亡国的悲痛。

平定北方之后,齐桓公又约鲁、宋、陈、卫、郑、许、曹等八国组成联军南下,首先一举消灭蔡国,直指楚国。经过一段时间的对峙之后,齐桓公同意与楚国结盟。这样南北军事对峙就体面地结束了。

公元前651年,周惠王去世。齐桓公会同各诸侯国拥立太子郑为天子,这就是周襄王。周襄王即位后,命人赏赐齐桓公,以表彰他攘外安内的大功。齐桓公召集各路诸侯会于蔡丘,举行受赐典礼。受赐典礼上,宰孔奉周襄王的命令,宣布考虑到齐桓公年老德高,不必下拜受赐。但齐桓公在管仲的示意下,仍然要再拜稽首,然后才登堂受胙。在盟会上,齐桓公又重申盟好,订立了新盟。这就是历史上有名的"蔡丘之盟"。至此,经过近30年的苦心经营,齐桓公在"尊王攘夷"的旗号和管仲的辅佐下,"九合诸侯,一匡天下",成为公认的霸主。

齐桓公完成称霸诸侯大业的过程中,充分利用了"指桑骂槐"、"杀一儆百"的策略。齐国通过对遂国、谭国、宋国等诸侯国的征伐,给鲁国、楚国等其他诸侯国以警示作用,从而得到了诸侯国的认同,成为春秋五霸之首。

唐太宗警告尉迟恭

在中国历史上,唐太宗李世民以善于以史为鉴著称。他亲眼看到强大富足的隋朝仅仅二三十年就垮台了,这给他留下了极深刻的印象,他经常和大臣们在一起讨论隋朝灭亡的原因,以从中吸取教训。唐太宗认为,隋炀帝就是因为贪得无厌,纵欲无度,所以才亡了国。因此,他总结出,作为一个君主,要能清心寡欲,不扰乱百姓的正常生产和生活,让百姓有安乐的日子过。

唐太宗不但善于用历史提醒自己,而且经常用历史来教育手下的文臣武将。尉迟敬德是唐太宗李世民手下的功臣之一,跟随李世民打天下,立下了无数的汗马功劳。唐太宗即位以后,尉迟敬德仗着自己打天下有功,骄傲放纵、盛气凌人,招来了不少同僚的不满,以致曾经有人向唐太宗告状说尉迟敬德想谋反。唐太宗知道后,便问尉迟敬德:"有人告发你谋反,可有此事?"尉迟敬德道:

"微臣跟随陛下南征北战,好不容易从刀箭底下捡了条命回来。如今天下已经平定了,您为什么反而怀疑我要谋反呢?"说着,他就把衣服脱了扔在地上,露出身上的累累伤痕。李世民一看他满身的伤痕,感动得老泪纵横,用好言好语安慰了他一番。

但是即使有了这次教训,尉迟敬德的骄纵习性也并未有所收敛。有一天,在太宗举行的宴会上,他与别人争论谁是长者,一时火起,殴打了任城王李道宗,并打瞎了李道宗的一只眼睛。唐太宗见他如此放肆,十分不高兴,就下令结束了这次宴会。

事后,李世民把尉迟敬德召进宫中,对他说:"我要和你们这些曾经生死与共的大臣同享富贵,然而你却仰仗有功而骄横跋扈,并且多次触犯王法。你可知道汉朝的韩信、彭越二人为何被杀吗?他们两人何尝不是立下了汗马功劳?他们不把汉高祖放在眼里,最后被刘邦处死,这难道是汉高祖的罪过吗?"

尉迟敬德这才有点害怕,以后做事就谨慎多了。

尉迟敬德居功自傲,屡次犯法。唐太宗告诉他因得罪人而有人告他谋反,他都毫不收敛。为了说服他,就向他举了汉高祖杀掉韩信、彭越的例子,说明恃功自傲的严重后果,终于达到了教育他的目的。

第二十七计　假痴不癫

【题解】

"假痴不癫",原意是假装糊涂,而内心却很清楚。作为军事斗争的计谋,"假痴不癫"指在敌情不明时要静待时机,不要轻举妄动。也有人以"假痴不癫"指用装糊涂的方式激励或调动士兵,来达到军事斗争的目的。俗话说:"聪明反被聪明误。"《诗经》中说:"战战兢兢,如履薄冰。"一个人不论做什么事情,不论自己对一件事情有多精通,都应该时刻保持清醒的头脑和虚怀若谷的心态,这样才能不使自己的长处成为累赘,无往而不胜。而"假痴不癫",正是头脑极其清醒的表现。

宁伪作不知不为,不伪作假知妄为。静不露机,云雷屯也①。

按:假作不知而实知,假作不为而实不可为,或将有所为。司马懿之假病昏以诛曹爽②,受巾帼假请命以老蜀兵③,所以成功;姜维九伐中原④,明知不可为而妄为之,则似痴矣,所以破灭。兵书曰:"故善战者之胜也,无智名,无勇功。"⑤当其机未发时,静屯似痴;若假癫,则不但露机,且乱动而群疑。故假痴者胜,假癫者败。或曰:假痴可以对敌,并可以用兵。宋代,南俗尚鬼。狄武襄(青)征侬智高时⑥,大兵始出桂林之南,因佯祝曰⑦:"胜负无以为据。"乃取百钱自持,与神约:"果大捷,则投此钱尽钱面也。"左右谏止:"倘不如意,恐沮师⑧。"武襄不听。万众方耸视⑨,已而挥手一掷,百钱皆面。于是举兵欢呼,声震林野。武襄亦大喜,顾左右,取百钉来,即随钱疏密,布地而帖钉之,加以青纱笼护,手自封焉。曰:"俟凯旋,当酬神取钱。"其后平邕州还师,如言取钱,幕府士大夫共视⑩,乃两面钱⑪也。

【注释】

①云雷屯:出自《易·屯》的象辞,原文为"云雷,屯;君子以经纶"。"云雷屯"的意思是说,雷电冬天藏于地下,等到春天就会激越而出。　②司马懿:三国时期著名军事家、政治家,字仲达,河南温县人。司马懿曾经一度控制曹魏的实权,并四十多年作为军事统帅常年争战,善于用兵。司马懿死后,他的儿子、孙子仍然掌握着曹魏的实权,其孙司马炎代曹氏建立晋之后,追尊其为宣帝。曹爽:字昭伯,三国时曹魏宗亲。曹芳即位后,他与司马懿共同辅政,后因争权夺利中失败被司马懿所杀。关于"司马懿之假昏病以诛曹爽"事,《晋书·宣帝纪》记载说:"曹爽用何晏、邓扬、丁谧之谋,迁太后于永宁宫,专擅朝政,兄弟并典禁兵,多树亲党,屡改制度。帝不能禁,于是与爽有隙……爽、晏谓帝疾笃,遂有无君之心,与当密谋,图危社稷,期有日矣。帝亦潜为之备,爽之徒属亦颇疑帝。会河南尹

李胜将莅荆州,来候帝。帝诈疾笃,使两婢侍,持衣衣落,指口言渴,婢进粥,帝不持杯饮,粥皆流出沾胸。胜曰:'众情谓明公旧风发动,何意尊体乃尔!'帝使声气才属,说:'年老枕疾,死在旦夕。君当屈并州,并州近胡,善为之备。恐不复相见,以子师、昭兄弟为托。'胜曰:'当还忝本州,非并州。'帝乃错乱其辞曰:'君方到并州。'胜复曰:'当忝荆州。'帝曰:'年老意荒,不解君言。今还为本州,盛德壮烈,好建功勋!'胜退告爽曰:'司马公尸居余气,形神已离,不足虑矣。'他日,又言曰:'太傅不可复济,令人怆然。'故爽等不复设备。嘉平元年春正月甲午,天子谒高平陵,爽兄弟皆从。是日,太白袭月。帝于是奏永宁太后废爽兄弟……乃收爽兄弟及其党与何晏、丁谧、邓扬、毕轨、李胜、桓范等诛之。" ③巾帼:古代妇女的头巾和发饰。关于司马懿"受巾帼假请命以老蜀兵"事,《晋书·宣帝纪》记载说:司马懿和诸葛亮对峙于五丈原,"亮数挑战,帝不出,因遗帝巾帼妇人之饰。帝怒,表请决战,天子不许,乃遣骨鲠臣卫尉辛毗杖节为军师以制之。后亮复来挑战,帝将出兵以应之,毗杖节立军门,帝乃止。初,蜀将姜维闻毗来,谓亮曰:'辛毗杖节而至,贼不复出矣。'亮曰:'彼本无战心,所以固请者,以示武于其众耳。将在军,君命有所不受,苟能制吾,岂千里而请战邪!'"老:使……疲惫,使……困乏。
④姜维九伐中原:指诸葛亮去世之后,姜维九次率兵北上攻打曹魏均无功而返之事。 ⑤故善战者之胜也,无智名,无勇功:出自《孙子兵法·形篇》。曹操注曰:"敌兵形未成,胜之无赫赫之功也。"杜牧注曰:"胜于未萌,天下不知,故无智名;曾不血刃,敌国已服,故无勇功也。" ⑥狄武襄:即北宋名将狄青。狄青,字汉臣,汾州西河(今山西汾阳)人,英勇善战,

从普通的士卒成长为指挥三军的统帅,在抗击西夏和平定南方侬智高的叛乱中都屡立战功,官至枢密使,去世后谥号"武襄",因此后人尊称狄武襄。侬智高:北宋时壮族首领,1041年自立为王,建立大历国,后改称南天国。后起兵进攻北宋,占领邕州(今广西南宁)等地,被狄青率军打败。　⑦祝:向神灵祷告。　⑧沮:沮丧,失望。这里是"使……失望"的意思。　⑨耸视:敬畏地注视。　⑩幕府:古代指将帅在外的营帐。也借指将帅。　⑪两面钱:指特制的、正面和反面都完全一样的铜钱。

【译文】

宁愿假装什么都不知道而不采取行动,也不要假装明白而轻举妄动。要静待时机而不露声色,就像在冬季积蓄力量的雷电一样。

按语:假装不知道而实际上却知道,假装不去做而实际上是不能去做,或者正准备去做。司马懿以假病和假装糊涂的方式诛杀了曹爽,接受了诸葛亮的妇女服饰却假装请战以稳住军队使蜀军疲惫,都是"假痴不癫"之计运用成功的例子。姜维九伐中原,打算消灭曹魏,是明知不可为而轻举妄动,这是近似疯癫,所以失败。《孙子兵法》中说:"所以善于用兵的人,没有智慧的名声,没有勇武的功绩。"当时机没有到来时,就静静地等待,不露声色,好像痴傻一样;如果假装疯癫,则不但会泄漏机关,还会因为随意调动而使自己的士兵生疑。所以假装痴傻不露声色的人能够取胜,故作疯癫轻举妄动的人就会失败。有人说,假装痴傻可以对付敌人,也可以用来指挥自己的军队。宋代的时候,南方的风俗崇尚鬼神。狄青奉命征讨侬智高,大军刚到桂林之南时,假装祷告说:"胜败现在还没有征兆啊。"于是取出一百枚铜钱,向神祷告说:"如果此次出征能够获胜,那么这些钱扔下去正面都朝上。"旁边的人劝阻说:"如果没有应验，恐怕会影响士气。"狄青不听。士兵们都敬畏地注视着，狄青随之挥手一扔，一百枚铜钱都是正面朝上。众人一见，都举手欢呼，全军上下欢腾的声音震动森林旷野。狄青自己也非常高兴，命令手下人取一百枚钉子来，按照铜钱撒下后分布的位置，将铜钱都钉在了地上，用青纱覆盖保护起来，并亲手手封好，说："等到我军凯旋回来，我一定酬谢神灵，然后取走铜钱。"打败了侬智高，平定了邕州回师的时候，狄青像当初所说的那样回来取铜钱，幕僚谋士们一起过来观看，原来这一百枚铜钱是特制的，两面都是正面。

【战例】

温峤装醉脱险

公元317年司马睿南渡建立东晋之后，拥护司马睿称帝的原江北世家大族都备受尊崇，其中尤以琅琊王氏功劳最大，地位也最显赫。在王氏家族中，除了王导之外，就属王敦的权力大，地位高。王敦率军占据江陵等地区，慢慢地开始不满足于做一个藩属，有了反叛朝廷之心。

司马睿之后，明帝司马绍即位，温峤深受器重，先是拜为侍中，参与机密大事，不久之后又升为中书令。王敦知道温峤是栋梁之材，明帝如此倚重他，对于自己的图谋将是一大障碍。因此，他向朝廷请求，让温峤到自己的身边来，做自己的左司马。温峤到了江陵之后，看到王敦拥兵自重，不按期去朝拜皇帝，并且在地方上也是暴戾恣睢，肆无忌惮，因此深感忧虑，于是进谏道："当初周公辅佐成王的时候，兢兢业业，小心谨慎，难道是因为他喜爱劳苦而憎恶安逸吗？这是因为他处在重要的位置上而不得不这样啊。而您自从返回京都，辅佐朝政，缺乏拜觐的礼节，简慢人臣的礼仪，不通达圣人之心等种种行为莫不令人忧心。当初帝舜服侍唐尧的时候，大禹侍奉帝舜的时候，文王屈从商纣的时候，虽然势力都很强大，但从来都没有违反为臣的礼节。所以如果有庇护人民的大德，就必然有服侍君主的小心，从而使芳名百世流传，风节万代景仰。圣人留下的美德是不能被忽视的。希望您能想想舜、禹、文王等圣人的殷勤服侍之事，以及周公为了国家而兢兢业业的美德，这对于天下将是大幸。"虽然温峤苦口婆心，但王敦还是没有接纳他的建议。

温峤知道了王敦野心已经极度膨胀，不能悔悟，于是假装对他非常恭敬，谨慎勤勉地担起了府中的各项事务，并经常与他秘密谋划，以顺从他的欲望。王敦手下有一个心腹名叫钱凤，温峤也主动地去讨好、巴结他，并主动帮他树立声誉，经常夸奖他说："钱世仪（钱凤的字）满腹经纶，才智过人。"温峤平时就有善于识人的名声，钱凤听到他夸奖自己后感到十分高兴，因此与温峤结下了很深的友情。这时，正巧丹杨（即丹阳）尹空缺，温峤就对王敦说："丹杨是京都的咽喉，应该有一个文武兼备的人去任丹杨尹一职，您应当亲自选拔一个合适的人才。如果依靠朝廷任命，恐怕考虑得不会很全面。"王敦同意了他的观点，问温峤谁可以任此职。温峤说："我私下里觉得钱凤可以担当此任。"钱凤获悉后又推荐温峤，温峤假装推辞。王敦不同意，上表请求补温峤为丹杨尹。

温峤马上就要脱离虎口了，但他仍然害怕他走了之后钱凤会在王敦面前进自己的谗言，于是就想了一个办法。离开江陵之前，王敦设宴为他送行，钱凤等人都来了。当酒宴进行到高潮的时候，温峤起身敬酒，到了钱凤面前，钱凤还没来得及喝，温峤假装已经喝醉，用手版打掉了钱凤的头巾，并装作非常生气的样子吼道："钱凤算个什么东西，我温太真敬酒他竟然敢不喝！"王敦以为他真的醉了，急忙把他们两人劝开。酒宴结束之后，温峤向王敦道别，满脸涕泗横流，出了府门又转身进来，如此数次，然后才离开，就像醉到了不能自我控制一样。

等到温峤走了之后,钱凤果然在王敦面前说他的坏话。他告诫王敦说:"温峤和朝廷关系非常密切,并且和庾亮交情也很深厚,我们不能完全信任他啊。"王敦想起了酒宴上的事,不以为然地对钱凤说:"温太真昨天喝醉了,才对你稍微变了些脸色,你又何必因为这样的小事而对他进谗言离间我们呢?"因此钱凤的计谋没有实行,而温峤顺利地回到京都,把王敦打算谋反的事情如实上奏了朝廷,并请求朝廷及早做好准备。

为了避免被钱凤陷害,温峤的"假痴不癫"之计实行得可谓非常巧妙。"假痴不癫"不但是军事斗争和政治斗争中的策略,而且在现实生活中处理其他问题时,也往往能起到意想不到的效果。

第二十八计　上屋抽梯

【题解】

"上屋抽梯"的典故出自《三国志·蜀书·诸葛亮传》。"刘表长子琦,亦深器(诸葛)亮。表受后妻之言,爱少子琮,不悦于琦。琦每欲与亮谋自安之术,亮辄拒塞,未与处画。琦乃将亮游观后园,共上高楼,饮宴之间,令人去梯,因谓亮曰:'今日上不至天,下不至地,言出子口,入于吾耳,可以言未?'亮答曰:'君不见申生在内而危,重耳在外而安乎?'琦意感悟,阴规出计。会黄祖死,得出,遂为江夏太守。""上屋抽梯"用在军事斗争中,指给敌人创造便利,将敌人引入险地,然后截断其退路和援兵,以便将敌人歼灭。

假之以便,唆之使前①,断其援应,陷之死地。遇毒,位不当也②。

按:唆者,利使之也。利使之而不先为之便,或犹且不行。故抽梯之局,须先置梯,或示之梯。

【注释】

①唆:怂恿,唆使,引诱。　②遇毒,位不当也:出自《易·噬

嗑》的象辞。这是对"噬腊肉,遇毒,小吝,无咎"的解释,宋代杨万里《诚斋易传·噬嗑》中说:"若腊之坚而难噬也,噬之则遇毒而伤齿矣。……此弱于齿而噬夫坚者也,能不遇毒乎?故曰'位不当也'。"毒,即损害,伤害。

【译文】

故意示之以小利,引诱敌人前来进攻,然后切断它的救援和策应,使其陷入绝境之中。这就是受到损害,是因为追求不当的利益的道理。

按语:唆使敌人进入自己预想的区域或者境地,要通过利益诱导来完成。如果仅有利益诱导而不先给它提供方便的途径,敌人仍然可能犹豫不前。所以如果要完成"上屋抽梯"的布局,关键是要先安放好梯子,或者告诉它梯子在哪里。

【战例】

贺拔岳诱敌围歼

南北朝时,后魏万俟丑奴在关中叛乱,魏将贺拔岳率兵征讨。贺拔岳以轻骑八百北渡渭水,杀掠其民以刺激万俟丑奴前来交战。万俟丑奴果然上当,派大将尉迟菩萨率步骑三万至渭北,与贺拔岳隔河相对。贺拔岳带着数十轻骑来到河边,与尉迟菩萨隔河辩论,贺拔岳称扬国威,尉迟菩萨自言强盛,一直辩论到天色将晚,才各自回营。晚上,贺拔岳偷偷地在渭南岸边分精骑数十为一处,随地形进行布置。第二天,贺拔岳又亲自带领百余骑,隔水与叛军相见。贺拔岳慢慢地前进,先前所布置的骑兵随着他的移动渐渐汇集过来。人马越来越多,敌人无法判断究竟有多少。行了大约二十里,到了一处水浅可以渡河的地方,贺拔岳突然驰马向东而出,好像要逃走的样子。敌人以为他真的要逃走,于是舍弃了步兵,南渡渭水,轻骑追击。贺拔岳向东跑了十余里,依横岗设伏兵以待之。敌人因为道路险要不能一齐前进,就前后相接,向岗东前进。当敌人通过了一半时,贺拔岳突然回身,指挥军队与敌人搏斗,自己身先士卒,攻击非常猛烈,敌人败退。贺拔岳向部下传令,敌人凡是下马者可以不杀。敌人听到这一命令,便纷纷下马。骑兵失去了战马便失去了战斗力,顷刻间被俘获三千人,马匹也都被贺拔岳所得。贺拔岳乘胜追击,一举擒获尉迟菩萨,接着渡过渭水,将步卒万余人招降。

此战中,贺拔岳先用败退的方式,将敌军引入险境,又通过传达出下马者不杀的信息,使敌军失去了战斗力,从而将"上屋抽梯"之计演绎得淋漓尽致。

美孚吞并对手

在商场上,通过使竞争对手陷入困境,然后再用自己所期望的方式使对手就范,也是一条经常被采用的计谋。

美孚石油公司是世界知名的大型托拉斯企业,100多年中经久不衰,为它的所有者创造了数不清的财富。1870年6月,洛克菲勒创建该公司时,它的注册资本仅仅只有100万元,并且处于非常激烈的竞争之中。当时,在公司的附近有接近30家炼油厂,而洛克菲勒所创立的俄亥俄州标准石油公司(即美孚石油公司)并没有什么特殊的优势。正是在这种形势下,洛克菲勒开始了异于常规的扩张之路,并迅速地将对手兼并,从而在市场上占据了垄断的地位。

洛克菲勒所做的第一步,就是将对手逼上困境。当时,所有石油公司的货物运输都要通过铁路运输公司来完成,洛克菲勒敏锐地觉察到,只要扼住了这条"咽喉",就能够把竞争对手掌握在自己手中。于是,他秘密地和铁路运输公司的负责人范德比尔特进行了一笔交易,交易的结果是,铁路运输公司给予洛克菲勒运输费用降低50%的优惠,而对于其他的厂家却提高了50%。这样,洛克菲勒在运输费用上就比其他厂家具有了极大的优势。运输费用的大幅提高，使得许多炼油厂举步维艰、濒临破产。

"上屋抽梯"的布局完成之后，洛克菲勒开始实施自己的第二步计划，即通过利益诱导将处于困境中的竞争对手引导到自己期望的道路上来。他看到大部分对手都处于走投无路的状态之后，就逐个拜访这些一筹莫展的企业主，声称对他们所面临的经营困难非常关心和同情，表示愿意帮助他们渡过难关。解决的办法，就是用标准石油公司的股票作为支付手段，买下他们的工厂。并对他们说，根据目前标准石油公司蒸蒸日上的势头，股票肯定会大幅升值，将工厂卖给自己不但不会吃亏，反而很快就都会成为百万富翁。这些陷入困境中的企业主们在面临破产的现实和成为百万富翁的诱惑下，自然选择了后者，将自己的企业换成了洛克菲勒的股票。这样，洛克菲勒实际上没有付出多大的成本，便实现了急剧膨胀，公司的生产能力在1872年只占美国的4%，但仅仅过了5年，到1877年时，就猛增到相当于占世界石油市场的95%以上！

在吞并了竞争对手之后，洛克菲勒又轻易地将市场价格操纵在了自己的手心之中。基本垄断了世界石油供应市场，也就意味着在与成千上万用户的竞争中处于绝对的优势地位。因此，洛克菲勒开始大幅度提高产品价格，使新价格达到了原来价格的3倍以上。刚开始的时候，欧洲的买主并不买他的账，对此群起抵抗。然而，洛克菲勒却丝毫不感到惊惶，他知道，在这些愤怒的买主们用光库存之后，自然还会找上他的门。结果正如他所料，在这些欧洲买主们发现自己再不买洛克菲勒的石油产品就无油可用时，就都无可奈何地接受了他的新价格。这样，在短短的10多年之内，洛克菲勒便由一个名不见经传的人物一跃而成为资本主义世界的第一个10亿富翁。

第二十九计　树上开花

【题解】

"树上开花"本意是通过装点使没有开花的树上看起来像开满花朵一样,起到以假乱真的效果。用作军事斗争的计谋时,"树上开花"是指通过借助其他力量的声势以威吓敌人,达到使敌人屈服,或者阻止敌人轻举妄动以赢取更多准备时间,从而取得战争胜利的目的。在军事斗争中,借助其他力量以壮大自己声威的方式经常被采用。

借局布势,力小势大。鸿渐于陆,其羽可用为仪也①。
按:此树本无花,而树则可以有花,剪彩粘之②,不细察者不易觉,使花与树交相辉映,而成玲珑全局也③。此盖布精兵于友军之阵,完其势以威敌也。

【注释】

①鸿渐于陆,其羽可用为仪也:出自《易·渐》。鸿,大雁。渐,进,飞起。仪,仪表,引申为气势,力量。　②剪彩:剪裁花纸或彩绸,制成花朵之类的形状。　③玲珑:精巧,没有破绽。

【译文】

借助可以利用的局面布置成有利的阵势,这样即使力量小,也会使气势强大起来。就像大雁从陆地上起飞,是借助已经丰满了的羽翼的力量。

按语:这棵树上本来没有花,而树是可以开花的,用伪装的方式将用纸或绸裁剪成的花朵粘贴到树上,如果不仔细辨别就不会发觉花是假的,如果假花与树木联成一体,交相辉映,就会成为一个没有破绽的整体。"树上开花"用在军事斗争中,就是把自己的精兵布列在友军的阵地上,形成强大的声势以威吓敌人。

【战例】

韩信灭燕、齐

汉王刘邦派韩信攻破陈余,消灭魏、赵之后,广武君李左车归顺了韩信,韩信用对待老师的礼节对待他。韩信打算一举消灭燕和齐两个割据政权,就向李左车请教说:"我打算北攻燕,东伐齐,怎么做才能确保成功?"李左车回答说:"如今将军您渡过西河,虏魏王,擒夏说阏与,一举而下井陉,很短时间内就破赵二十万众,诛成安君,名闻海内,威震天下。这是运用了将军您之所长。然而现在士卒疲劳,实际上已经很难得心应手地去使用他们了。如果将军您打算率领这一群倦弊之兵,被阻碍在燕的坚城之下,想要打恐怕自己的力量不能攻克,颓势越来越明显,士气低落,旷日持久,粮草困乏。而如果弱小的燕不能征服,齐一定会据守边境努力抵抗。与燕齐相持不下,刘项双方的较量就难分上下。如果这样,将军您的短处就暴露无遗了。我听说,善于用兵的人不以短击长,而以长击短。替将军您考虑,不如按甲休兵,镇守赵地,安抚阵亡将士的遗孤,百里之内每天都会有牛酒送来,您就用来犒劳下属和士卒。摆出军队将要北向攻燕的架势,然后派一名能言善辩之士带着咫尺之书,把您的优势尽数展示给燕,燕一定不敢不听从。燕归顺之后,再派使者到东方去劝说齐,齐也必定会望风而降。这时,即使有智谋之士,也很难替齐做其他更好的打算了。这样,夺取天下的大事可图也。"韩信听从了他的建议,结果燕、齐不久即被消灭。

在平定了魏、赵之后,韩信的军队已是强弩之末,此时若强攻燕、齐恐不能成功。在李左车的建议下,他利用自己的声威,先使实力较弱的燕国归服,从而更加壮大了自己的声势,齐国考虑到实力的对比,也不得不放弃抵抗。李左车为韩信所提出的这条计谋,正是运用了"树上开花"之计。

丁谓借力表忠心

北宋时,丁谓被贬到边远的崖州。为了重新获得皇上的起用,他想,首先必须向皇上表明自己的忠诚与心意。但是,在当时的情形之下,谁又愿意替他这个罪人送信给皇上呢?冥思苦想了很长时间,丁谓终于想出了一个主意。他挥动生花妙笔,写了一封家书,派人交给洛阳太守刘烨,请求刘烨转交给自己的家人。临行前,丁谓特意嘱咐送信的人说:"你要等到刘太守会见下属官员时再呈上给他。"送信人来到刘烨的衙门,刘烨正在大堂上议事,送信人就把信当众交给了他。刘烨在众目睽睽之下接到因罪被贬的丁谓的信,不敢隐瞒此事,马上把丁谓来信的事报告给皇帝,并把信直接送到了宫中。皇帝拆开丁谓的信,丁谓在信中进行了严厉的自责,还谈到了皇帝对自己的深厚恩惠,并告诫家人,不要因为他的远贬而产生怨恨之心。皇帝看完以后,非常感动,虽然没有把丁谓官复原职,但也把他调到了条件较好的雷州。

第三十计　反客为主

【题解】

"主客"是中国古代兵家的常用术语,并且很早就提出了"变客为主"或者"反客为主"的军事斗争策略。例如,在《唐太宗李卫公问对》中,就对"变客为主"进行过详细的探讨,说:"较量主客之势,则有变客为主,变主为客之术。""反客为主"之计,就是指在军事斗争中,要努力变被动为主动,以掌握战争的主动权。在古代的军事斗争中,这一计又往往被用于"盟友"之间,即借助力量强大的盟友的力量,循序渐进地发展自己的实力;等到实力壮大之后,再掌握主动,控制局势,由"客人"变为"主人"。"反客为主"的策略在历史上曾经被多次使用。例如,汉高祖刘邦早先觉得自己的势力不如项羽强大,就恭敬地居于项羽之下,使项羽信任自己,等到自己的力量逐渐强大之后,就慢慢地侵蚀项羽的力量,最后垓下一役,将项羽彻底击败。

乘隙插足,扼其主机①,渐之进也②。

按:为人驱使者为奴,为人尊处者为客,不能立足者为暂客,能立足者为久客。客久而不能主事者为贱客,能主事则可渐握机要,而为主矣。故反客为主之局:第一步须争客位;第二步须乘隙;第三步须插足;第四步须握机;第五步乃成为主。为主,则并人之军矣。此渐进之阴谋也。

【注释】

①扼:控制,掌握。主机:要害,首脑机关。　②渐之进也:出自《易·渐》的象辞。渐,逐步,缓进。

【译文】

趁着机会插足进去,掌握其要害,循序渐进达到目标。

按语:同样是在主人家里,被主人所驱使的是奴仆,被主人所尊敬的是客人。同样是作为客人,不能在主人家长久立足的是暂时的客人,能够在主人家站稳脚跟的是长久的客人。同样作为长久的客人,无法在主人家主持事务的是卑贱的客人,可以在主人家主持事务的客人就能够逐渐掌握主人的各项权力,从而使自己成为主人。所以要在局势的演变中由客人成为主人:第一步是必须在主人家里成为被尊重的客人;第二步是要抓住主人家的漏洞给自己带来的机会;第三步是要趁机插手主人家的事务;第四步是要掌握主人家的权力;第五步是在地位上由客人变为主人。由客人变为主人,就把别人的军队给吞并了。这就是循序渐进吞并别人的谋略。

【战例】

杜畿计灭卫固

公元205年,曹操打败袁绍的割据势力,平定河北。不久,并州刺史高干举兵反叛。当时河东太守王邑被征调到他处,副使河东人卫固和中郎将范先表面上向上司请求王邑继续留任,而暗地里却与高干私通。曹操了解了情况之后,对谋士荀彧等说:"关西诸将倚仗着地势险要和战马优良,如果前去征讨,必然引起骚乱。张晟在殽、渑之间袭扰,与南面的刘表相勾结,卫固这些人现在又投靠了他们,我担心这些人会成为大害。河东依山傍河,四境不安,是当今天下的要地。你能不能为我举荐一位萧何、寇恂一样的人物前去镇守?"荀彧说:"杜畿正是合适的人选。"

　　杜畿字伯侯,京兆杜陵人,曾经历任县令、司空司直、护羌校尉、西平太守等职,为人机敏,做事冷静。于是曹操拜杜畿为河东太守,派人通知他到河东上任。此时,卫固等人派兵数千人封锁了陕津渡口,杜畿无法渡河赴任。曹操派了夏侯惇前来征讨卫固,人马还没有赶到。有人对杜畿说:"您还是等到大兵到了之后再设法渡河吧。"杜畿说:"河东有三万户民众,并不都是打算作乱的。如果我们大兵急征,想要为善的人也就失去了依靠,一定会因为恐惧而听命于卫固。卫固等人本来就专断,一定会拼死抵抗。我们的征讨如果一时不能取胜,四面的敌对势力就会群起响应,那样天下的大乱就不是短时间内所能平息的了;即使我们的讨伐取得了胜利,一郡的老百姓也会受到摧残。既然现在卫固等人没有明确打出旗号反叛,表面上还在请求原太守王邑留任,这样他就一定不会加害派来的新太守。我打算单车直接前往,出其不意。卫固为人虽然诡计多端,但却优柔寡断,一定会假装接待和服从我。我如果能够在郡中停留一个月,就足以用计谋来制服他。"于是他秘密从郖津渡河,来到河东。

　　范先打算杀掉杜畿来威吓民众。为了观察杜畿的举动,他在府门外斩杀了主簿以下三十多个官吏,杜畿举动自若,没有任何反应。于是卫固对范先说:"杀了他也没有什么意义,只是增加了我们的恶名;况且他完全掌握在我们的手中,不如留下他,也许对我们有用。"卫固和范先等人接受了杜畿,把太守的位置交给他。杜畿对卫固、范先说："你们都是河东的希望，我事事还都要依赖你们啊。我占据这个太守的位置，只是因为君臣上下的名分不容混淆罢了，我们之间要共成败，遇到大事时应当共同商议。"他任命卫固为都督，并总管一切军政事务；将校吏兵三千余人，统统交给范先指挥。卫固等人都很高兴，虽然表面上对杜畿很尊敬，却都不把他当回事。

卫固想要发兵起事，杜畿深感忧虑，劝卫固说："自古以来，想要做成不同寻常的事情，就不能扰乱众人之心。现在如果大规模征兵、发兵，民众一定会被惊扰。我们不如慢慢地用钱来募兵。"卫固认为他说的有理，就接受了他的意见，用钱来招募士兵，几十天的时间就招得差不多了。但是，在招兵的过程中，诸将为了侵吞军费，名义上招募了很多兵而实际上能够派遣的却很少。杜畿又劝卫固等人说："顾家是人之常情，我们应当让诸将和官员轮流回家休息，这样的话，遇到大事小事的时候再召集他们，他们都一定会踊跃前来。"卫固等人害怕违逆了众人之心，又听从了他的建议。通过这些措施，杜畿使得好人虽然名义上都在外面，但暗地里成了自己的支持者；坏人虽然受卫固等的调遣，但都回到了自己家中，这样就使卫固的力量被削弱。

这时，张晟进攻东垣，高干侵入濩泽，上党等县的官吏被起事者所杀，弘农执的郡守也被抓住，卫固等秘密地调兵打算响应，结果没有调来。杜畿知道河东诸县已经归附了自己，于是离开太守府，率领着数十骑到张辟拒守。各县的官员和百姓听说后，大多支持杜畿。几十天的工夫，就组织了一支四千余人的队伍。卫固等人与高干、张晟一起进攻杜畿，没有成功，又去劫掠河东各县，几乎一无所得。不久，曹操派来的大兵到了，高干、张晟失败，卫固等人被杀，其余党皆被赦免，让他们依旧从事当初的职业。

丰臣秀吉的崛起

16世纪中期,日本境内诸侯割据,战争不断。丰臣秀吉是织田信长家的一员大将,领兵作战,屡立战功,受到织田家族的重视。在先后攻克了播磨、备前、美作、但马、因幡等5个诸侯国之后,1582年,丰臣秀吉又受命进攻另一个诸侯国备中。在进攻备中国的高松城中,丰臣秀吉遭到失败,损失惨重,不得不向他的主人织田信长求救。织田信长接到丰臣秀吉的支援请求后,亲自率军增援,然而,中途发生兵变,织田信长突然遭到部将明智光秀的袭击,无奈之下自焚而死。

消息传到前线之后,丰臣秀吉果断地与敌人停战,签订了合约,结束了战事,日夜兼程赶回京都,讨伐叛臣明智光秀。回师之后,他与信长的家臣丹羽长秀、摄津国伊丹城主池田恒兴、织田信长的第三个儿子织田信孝合兵,迅速将明智光秀打败,明智光秀本人剖腹自杀。

叛乱平定之后,为了便于操纵实权,丰臣秀吉立织田信长的长子织田信忠的两岁遗腹子为信长的继承人。这样,织田信长的所有大权便落在了丰臣秀吉的手中,这引起了信长的次子、三子和其他家臣们的强烈不满,最后矛盾发展到不得不以武力解决。

1583年,丰臣秀吉与织田信长的家臣柴田胜家发生了冲突,两军会战于贱岳山麓,最终柴田失败,柴田胜家以及与胜家联盟的信长的三子信孝自杀。随后,丰臣秀吉又将矛头对准了信长的次子信雄。信雄求援于德川家康。经过两次激烈的战斗之后,丰臣秀吉与信雄和家康的联军处于胶着状态。丰臣秀吉怕持久对峙于己不利,1584年11月,他首先与织田信雄和解,后来,德川家康也表示臣服。丰臣秀吉终于"反客为主",不但完全掌握了织田信长的所有势力,而且成了日本的新霸主。

阏与之战

公元前270年,秦军进攻韩国,派重兵围困阏与。阏与与赵国相邻,并且距离邯郸很近,秦军的攻势对赵国产生了直接威胁。赵惠文王从本国的安全着想,决意救援阏与。

赵惠文王召来廉颇,问:"阏与可以救吗?"廉颇回答:"道路既远又狭窄,很难救。"赵王又召乐乘来问,乐乘的回答和廉颇一样。赵王又召赵奢商议。赵奢回答说:"道远路狭,好比两只老鼠在洞穴中争斗,谁勇敢谁就能够得胜。"赵奢与赵惠文王不谋而合。于是,赵王任命赵奢为将,率军解救阏与之围。

赵奢率兵在距邯郸三十里的地方驻扎二十八日。秦军就在不远处的武安,天天鼓噪叫阵,声震屋瓦,赵奢只是壁垒不出,麻痹秦军斗志。然后,他突然做出决定,集合部队,向西急进。仅用了两日一夜,就抵达了距离阏与五十里的地方,迅速占领山头高地。武安的秦军听说赵奢已至阏与,如梦方醒,慌忙调集兵力奔向阏与。秦军后至,也来争夺北山,但没有成功,拥挤于山下,陷入十分被动的局面。赵军利用有利地势,居高临下,俯击秦军。结果秦军大败,四散溃逃。阏与之围随之解除。

对于阏与之战,一般人都认为由于地理条件、实力对比等原因,赵国如果参战,地位将非常被动。赵奢在指挥这次战役时,通过仔细分析和谋划,迅速变被动为主动,并取得了战争的胜利。因阏与之战的胜利,赵奢一战成名,并被赐予"马服君"的封号,地位与廉颇、蔺相如相等。

第六套　败战计

第三十一计　美人计

【题解】

"美人计"本意指通过用美女迷惑敌方关键人物,消磨其意志,扰乱其内政,从而取得斗争胜利的计谋。实际上,任何通过消磨敌人意志来瓦解敌人实力的策略,都可以视为这一计的引申。"美人计"的关键是利用敌方,尤其是敌方关键人物的嗜好、欲望或弱点,通过金钱和美色等方式,使其沉迷其中,从而放松警惕,麻痹大意,磨灭意志,然后将其一举消灭。

　　兵强者,攻其将;将智者,伐其情①。将弱兵颓②,其势自萎。利用御寇,顺相保也③。
　　按:兵强将智,不可以敌,势必事之。事之以土地,以增其势,如六国之事秦④,策之最下者也。事之以币帛,以增其富,如宋之事辽、金⑤,策之下者也。惟事之以美人,以佚其志,以弱其体,以增其下之怨。如勾践之事夫差,乃可转败为胜。

【注释】

①情:性情,意志。　②颓:崩溃。　③利用御寇,顺相保也:出自《易·渐》的象辞。御,驾驭。寇,敌人。　④六国之事秦:指战国末期齐、楚、燕、韩、赵、魏等山东六国迫于秦国的军事压力,纷纷向秦国割地求和,最终被秦国全部吞并之事。⑤宋之事辽、金:宋代时,为了减少边境的战事,先后对北方的辽和金采取屈辱服侍的态度,每年向辽和金缴纳大量"岁币",既加重了人民负担,又壮大了敌人实力。

【译文】

对于兵力强盛的敌人,要重点攻击它的将领;对于将领聪明的敌人,要设法消磨他的意志。将领的意志衰颓,士卒的意志将会瓦解,整个军队的力量就会丧失。这就是利用敌人的弱点来控制敌人,并顺势保存自己的道理。

按语:敌人兵力强盛,将领明智,不能够与它硬拼,最佳的选择是先恭敬地顺服巴结它。那么如何巴结呢?送给它土地进行巴结,这样就会增加它的实力,比如战国时六国巴结秦国的做法,这是最不明智的策略。送给它财物进行巴结,这样就会增加它的财富,比如宋朝巴结辽国和金国的做法,这也是不明智的策略。因此,如果进行巴结,只有送给敌人美女,这样就可以使他们的意志消磨,使他们的身体衰弱,使他们部属的怨愤增加。比如越王勾践巴结吴王夫差的做法,这样才能够最终转败为胜。

【战例】

勾践灭吴

春秋时期,吴国和越国是东南的两个主要国家,两国素来不和。公元前496年,越国国王勾践即位。吴王阖闾趁越国君位交接混乱之际,发兵伐越,企图一举拿下越国。吴王本来满怀信心,结果却被越王勾践打得大败，自己也受了重伤。临死前，他嘱咐儿子夫差一定要替自己报仇。

过了两年，吴王夫差亲自率领大军攻打越国。勾践不听范蠡的劝告，派大军去跟吴国硬拼，在太湖被夫差打得大败。越王勾践带了五千残兵败将逃到会稽，被吴军围困起来。勾践走投无路，就招来范蠡和文种商议对策。他对范蠡说："我后悔当初没有听你的话，现在到了这种地步。你看该怎么办才好？"范蠡说："我们现在只有求和一条路了。"然后，范蠡就告诉勾践应当如何如何去做。没有别的办法，勾践只好听从了范蠡的建议，派文种到吴国求和。文种打听到吴国的伯嚭是个贪财好色之徒，就把一批美女和珍宝私下送给他，伯嚭答应带文种和越国的美女西施去见吴王。

文种见到吴王，先把西施送给他，说："越王愿意投降，甘心做您的臣下，请您开恩饶恕他。"伯嚭也在一旁帮着文种说好话。还没等吴王表态，伍子胥就站出来说："越王勾践深谋远虑，他手下的大臣文种、范蠡精明强干。这次如果我们放了他们，失去了斩草除根的大好机会，他们回去后就一定会报仇的！"夫差却以为越国已经元气大伤，不足为患，又看上了西施的美色，就没有听从伍子胥的劝告，答应了越国的投降请求，把军队撤回吴国，但是要勾践亲自到吴国去服侍他。

文种回去把情况向勾践做了报告。勾践把国家大事托付给文种，自己收拾好日常必备的用品，带着夫人和范蠡到吴国去了。

勾践到了吴国，夫差叫勾践做喂马的马夫，范蠡跟着做奴仆的工作。他们尽心尽责地伺候吴王，终于赢得了吴王的欢心和信任。夫差认为勾践真心归顺了他，三年后，就把他放回了越国。勾践回到越国后，卧薪尝胆，发愤图强，立志报仇雪耻。经过十年的艰苦奋斗，越国终于兵精粮足，转弱为强。

公元前482年，夫差亲自带领大军，北上与晋国争夺霸主地位。勾践乘机率军偷袭吴国，大败吴军，俘获太子友。公元前473年，勾践第二次带兵攻打吴国。这时的吴国已经彻底衰落，根本抵挡不住越国军队的凌厉攻势，屡战屡败。勾践最后灭掉了吴国，夫差自杀。从此越国成为江淮一带的强国。

管仲劝桓公撤乐

春秋时期，有一年，宋国攻打杞国，狄人征伐邢国和卫国。齐桓公不但没有出兵救援，反而光着身子，用帛把胸部缠起来装病，并且召见管仲，对管仲振振有词地说："寡人有千年吃不完的东西，而我的寿命却没有一百岁。现在我又得了病，姑且让我行乐一番，快活快活吧！"管仲听了桓公的话，感到又好气又好笑，就说："既然这样，那就依您的意思吧！"于是，齐桓公下令，在王宫里悬起钟磬，摆出竽瑟，每天杀牛数十头，连续几十天，天天歌舞宴饮。群臣听说后，都来进谏。桓公又拿出了他那套理论："寡人有千年吃不完的东西，而我的寿命却没有一百岁。现在我又得了病，姑且让我行乐一番，快活快活吧！况且他们又没有攻打我们的国家，只是攻伐他们的邻国，你们都是平安无事的，不用紧张。"后来，宋国攻占了杞国，狄人也攻下了邢国和卫国，桓公还盘桓在歌舞宴乐之中，大钟敲响的时候，齐桓公得意地问管仲："快乐吧！仲父。"管仲知道劝谏的时机已经成熟了，回答道："这是我的所谓悲哀，不是快乐。我听说，古代君王称得上行乐于钟磬之间的，并不是像你这样。他们只要话说出口，命令就能行于天下；游于钟磬之间，没有四面兵戈的忧虑。现在您的情况是：话说出口，命令不能行于天下；盘桓在钟磬之间，四面都有兵戈的忧虑。所以我对此感到悲哀，而不是快乐啊！"齐桓公听后，恍然大悟，于是马上命人砍掉挂钟磬的架子，撤掉歌舞音乐的陈设，遣散了宫中的乐师舞女。后来，齐桓公又采纳了管仲的建议以缘陵封杞、以夷仪封邢、以楚丘封卫，使三国的遗民和国君都得到了妥善的安置，从而获得了诸侯的信任，并一举成为诸侯之中的霸主。

第三十二计　空城计

【题解】

"空城计"原指在敌众我寡、力量对比悬殊的情况下,故意示人以不设兵备,造成敌方错觉,从而使敌人不敢轻举妄动。后以"空城计"泛指掩饰自己力量空虚、迷惑对方的策略。"空城计"的实质,正是《孙子兵法》中"虚则实之,实则虚之"的虚实之间的辩证关系和相互转化原理。一般来说,当一方力量虚弱时,总是通过伪装表现出强大的样子,以营造气势,迷惑敌人。"空城计"则反其道而行之,其关键之处就是当己方力量薄弱时,故意显示出自己的力量虚弱,用这种违背常理的办法引起敌人的疑心,从而使敌人不敢轻举妄动。然而,"空城计"毕竟是一着险棋,使用时必须谨慎,一旦被敌人识破,后果将不堪设想。同时,"空城计"的成功实施,还需要决策者有过人的胆识。军事斗争的角逐,尤其像"空城计"这样的险中求胜的较量,往往就是双方胆识的较量,哪方的胆识更出众,哪方就能够获胜。过人的胆识不但表现在善于迷惑对手,而且自己还要不受假象的迷惑。

虚者虚之,疑中生疑。刚柔之际①,奇而复奇。

按:虚虚实实,兵无常势。虚而示虚,诸葛而后,不乏其人。如吐蕃陷瓜州②,王君㚟死③,河西汹惧④。以张守珪为瓜州刺史⑤,领余众,方复筑州城。版榦裁立⑥,敌又暴至⑦。略无守御之具。城中相顾失色,莫有斗志。守珪曰:"彼众我寡,又疮痍之后⑧,不可以矢石相持⑨,须以权道制之⑩。"乃于城上,置酒作乐,以会将士。敌疑城中有备,不敢攻而退。又如齐祖珽为北徐州刺史⑪,至州,会有陈寇⑫,百姓多反。珽不关城门,守陴者皆令下城静坐⑬,街巷禁断行人,鸡犬不得乱鸣。贼无所见闻,不测所以,疑惑人走城空,不设警备。珽复令大叫,鼓噪聒天⑭。贼大惊,登时走散⑮。

【注释】

①刚柔之际:出自《易·解》的象辞。这里指刚与柔、强与弱之间的相互转化。　　②吐蕃陷瓜州:指唐玄宗开元十五年(公元727年)九月吐蕃攻陷瓜州之事。瓜州,唐武德五年(公元622年)置,治所在晋昌(今甘肃省瓜州县东南)。　　③王君㚟:字威明,唐代瓜州常乐人。初事郭知运为别奏,累功至右卫副率,知运卒,代为河西陇右节度使、右羽林军将军,判凉州都督事。据《旧唐书》记载:"十五年,凉州刺史、河西节度王君㚟恃众每岁攻击吐蕃。吐蕃大将悉诺逻恭禄及烛龙莽布支攻陷瓜州城,执刺史田元献及君㚟父寿,尽取城中军资及仓粮,仍毁其城而去。又攻玉门军及常乐县,县令贾师顺婴城固守,贼遂引退。无何,君㚟又为回纥诸部杀之于巩笔驿,河、陇震骇。"

④河西:唐时指今甘肃、青海两省黄河以西,即河西走廊与湟水流域。汹惧:惊恐不安。　⑤张守珪:陕州河北人,多年在边境抗击吐蕃、回纥、契丹等少数民族政权的进攻。曾加拜辅国大将军、右羽林大将军。刺史:古代官名,原为朝廷所派督察地方之官,后沿为地方官职名称。　⑥版榦(gàn):指筑城工具。版,筑土墙用的夹板。榦,筑墙时竖在夹板两边起固定作用的木柱。裁:同"才",刚刚,方才。　⑦暴至:这里指大队人马突然杀来。　⑧疮痍:比喻灾害困苦。　⑨矢石:箭和垒石,古时守城的主要武器。　⑩权道:计谋,谋略。⑪齐:这里指北齐。南北朝时,北朝高洋代北魏为帝,国号齐,史称北齐。祖珽:字孝征,北齐范阳遒(今河北省涞水县)人。曾为北徐州刺史,卒于任上。北徐州:北齐所置,治所在今安徽凤阳。　⑫陈:南朝陈的军队。寇:入侵,侵略,侵犯。⑬陴(pí):城上女墙,上有孔穴,可以窥外。也泛指城墙。⑭聒天:声音震天。　⑮登时:立即,立刻。

【译文】

兵力空虚的时候再进一步向敌人显示出空虚的样子,就会使敌人倍加怀疑而不敢轻举妄动。强与弱之间的相互转化,这时候就显得非常奇妙。

按语:军事行动中的虚实没有一定之规。在空虚的时候故意显示空虚,诸葛亮之后,运用者不乏其人。比如,唐代时,吐蕃人攻陷了瓜州,王君奂战死,河西震动,人心惶惶。朝廷任命张守珪为瓜州刺史,负责瓜州的防务等事宜。张守珪到任之后,首先组织城中剩余的军民重新修复城墙。刚刚准备施工的时候,敌人的大队人马又突然杀来。而此时,城中几乎任何防守器械都没有。城中的众人都惊慌失色,面面相觑,没有任何抵抗的信心。张守珪说:"敌众我寡,城池又刚刚被蹂躏过,用石头和弓箭进行防守肯定是无济于事了,必须运用计谋来取胜。"于是,他率领众人来到残余的城墙之上,置酒作乐,与将士们一起举行宴会。敌人看到这种情形,怀疑城中有所准备,不敢贸然进攻,撤兵而走。再如,南北朝时,北齐任命祖珽为北徐州刺史,祖珽刚到北徐州,就碰到了陈国军队进犯、百姓纷纷倒戈的事件。祖珽下令不要关闭城门,守城的人都从城墙上下来,静坐不动,大街小巷不许行人来往,鸡犬等禽畜也不得随便鸣叫。敌军进城之后,什么也看不到听不到,猜不透究竟是怎么回事,怀疑城中的人都逃走了,整座城池成了空城,因此没有任何防备。这时,祖珽下令城中军民一起大喊,嘈杂的声音震动天地。敌人大惊,顿时四散而逃。

【战例】

刘兰成疑兵却敌

隋朝末年,隋炀帝贪婪残暴,各地起义军纷纷揭竿而起,綦公顺在山东的青州莱州一带起兵。北海郡的明经(官名)刘兰成投降了这支起义军。

公元618年的一天,刚刚归顺綦公顺的刘兰成向綦公顺请战,他说:"让我挑选一百五十名壮士就可以了,我要带他们去袭击北海郡城。"

綦公顺一听,感到好笑,心想:"带这么少的兵去攻打北海,岂不是以卵击石、白白送死?我早听说刘兰成有些手段,今天倒要见识一下。"于是,他微笑着说:"好吧,你自己随便挑选!"

刘兰成带着自己挑选的一百五十名壮士离开军营。离郡城还有四十里地的时候,他命令十个人留下,让他们去割草,并把割下的草分成一百多堆,一接到他的命令,马上点燃。走到离郡城二十里地的时候,他又留下二十人,每人给了他们一面大旗,让他们一接到自己的命令,就火速竖起。离郡城只剩五六里时,他又留下了三十个人,让他们找险要的地方悄悄埋伏好,准备袭击敌人。刘兰成亲自率领剩下的壮士,悄悄来到距城仅一里左右的小树林里,潜伏下来,等待天亮。

第二天早晨,城里士兵打开城门,出城打柴放牧。接近中午,刘兰成让手下壮士中的八十人分别隐蔽在有利地形上,告诉他们,一听到鼓声,必须马上跃出,抓敌人、抢牲畜,然后火速撤离。随后,他率领余下的十个人直扑城门下。

城上卫兵一看到有人进攻,立即击鼓报信。刘兰成早已布置好的那八十名士兵听到鼓声,迅速出击,抢夺牲畜,活捉正在打柴、放牧的一些敌兵,得手后立即离开。

已经到达城下的刘兰成估计自己的人已经得手,突然放慢了脚步,领着那十名士兵从容不迫地返回。这时,城里冲出了大批将士。可他们看到刘兰成大摇大摆、不慌不忙,害怕他使用诱敌深入之计,中了他的埋伏,也不敢轻举妄动,只是远远地跟在后面,观察动静。

突然,尾随在后的城中将士看到前面战旗飘扬,更远的地方还冒起浓烟。这批官军被吓得胆战心惊,马上掉头返回。

正是凭着过人的胆识,刘兰成不费吹灰之力,就俘获了大批牲畜和一部分敌兵,达到了小股部队骚扰大批敌人的目的。

第三十三计　反间计

【题解】

间谍在战争中发挥着重要的作用,有时甚至直接左右着战局的胜败,因此,古今中外的军事家都十分重视间谍的使用。例如《孙子兵法》中专门有《用间》一篇,阐述间谍在军事斗争中的使用,并提出了包括"反间"在内的"五间"并用的思想。这里所说的"反间计",就是利用敌人内部的人员为我方的军事目标服务,从而达到用最小的损失获取胜利的目的。在历史上,当遇到难以对付的强敌时,用"反间计"来离间敌人内部的关系,削弱敌人的力量,是一条经常被采用的计策。

疑中之疑。比之自内①,不自失也。

按:间者,使敌自相疑忌也;反间者②,因敌之间而间之也。如燕昭王薨③,惠王自为太子时④,不快于乐毅⑤。田单乃纵反间曰⑥:"乐毅与燕王有隙,畏诛,欲连兵王齐,齐人未附,故且缓攻即墨⑦,以待其事。齐人唯恐他将来,即墨残矣。"惠王闻之,即使骑劫代将⑧,毅遂奔赵。如周瑜利用曹操间谍⑨,以间其将,亦"疑中之疑"之局也。

【注释】

①比：辅助。《易·比》的象传说："比，辅也。"孔颖达疏曰："比者，人来相辅助也。" ②反间：诱使敌方的间谍或其他人反为我用，制造其内讧而伺机取胜。 ③燕昭王：战国时燕国国君，名平。燕昭王即位之后，招揽人才，改革内政，燕国实力迅速壮大。燕昭王"二十八年，燕国殷富，士卒乐轶轻战，于是遂以乐毅为上将军，与秦、楚、三晋合谋以伐齐。齐兵败，湣王出亡于外。燕兵独追北，入至临淄，尽取齐宝，烧其宫室宗庙。齐城之不下者，独唯聊、莒、即墨，其余皆属燕"（《史记·燕召公世家》）。薨：自周代开始，为了表明人有尊卑之分，对不同地位的人死亡的称呼也不同，"薨"用以称诸侯之死。 ④惠王：燕惠王，燕昭王的儿子。太子：周代天子和诸侯的嫡长子均可称"太子"。 ⑤乐毅：战国时燕国的名将，原为赵国人，燕昭王招贤时来到燕国，受到重用，率军伐齐，攻下齐国都邑七十多座。后逃奔到赵国，被封为望诸君，卒于赵。 ⑥田单：战国时齐国名将，齐王同宗。燕国打败齐国后，田单坚守即墨，最终反击复国成功，被封为安平君。 ⑦即墨：地名，在山东半岛上，今属青岛市。战国时为齐邑。 ⑧骑劫：燕国将领，燕惠王即位后代乐毅为将，结果被齐国军队打败，死于军中。 ⑨周瑜：字公瑾，庐江舒（今安徽省庐江县西南）人，东吴名将，曾指挥孙刘联军在赤壁之战中以少胜多打败曹操。

【译文】

军事斗争中使用间谍造成了许多疑团。善于利用敌人内部的力量来为我服务，就可以使自己不必受到损失就能够取得胜利。

按语：所谓间，也就是离间，目的是使敌人内部自相猜疑，从而削弱其力量；而所谓反间，就是利用敌人内部的间谍达到离间敌人内部关系的目的。比如，战国之时，燕昭王去世之后，燕惠王即位。惠王从做太子的时候就对乐毅不满。齐国将领田单利用了这一矛盾，就设法在燕国施行反间计，在燕国散布消息说："乐毅与燕王有矛盾，怕被杀害，打算联合在齐国的军队在齐国称王，因为齐国的人心尚未归附，所以才不急于攻打即墨，他这样做是在等待时机。现在齐国人最怕的是燕王派别的将军来取代乐毅，那样的话，即墨也就保不住了。"燕惠王听到消息后，马上派骑劫到齐国去取代乐毅的位置，乐毅于是逃到赵国去了。再比如，东汉末年，东吴将领周瑜利用曹操的间谍，离间曹操与手下将领的关系，这也是在疑团中再设疑团的布局。

【战例】

种世衡计除野利王

西夏王元昊有两个心腹将领，一个叫野利王，一个叫天都王，都统率着精锐的士卒，非常厉害。宋将种世衡想用计除掉他们。

野利王曾经令浪埋、赏乞、媚娘三人到种世衡处请降，种世衡知道其中有诈，心想："与其杀掉他们，不如留下他们作为间谍使用。"于是把他们都留下来做税监，让他们出入带着侍卫，好像对他们很宠信。紫山寺有个僧人名叫法崧，种世衡观察他秉性坚强朴实，可以任用，就把他请到门下，劝他戴帽束带，重新还俗。在一次战斗中，法崧抓到西夏的俘虏有功，种世衡向元帅府报告，授予他三班阶职，充当指挥使。种世衡又出力为他办理家中的事情，凡是住房、马匹等用具，都给他准备得很好。法崧喜欢酗酒、赌博，有许多坏习惯，种世衡也不惩罚他，反而待他愈厚。法崧对他非常感恩。一天，种世衡忽然非常生气地对法崧说："我待你像亲生儿子一样好，而你却暗地里与敌人相勾结，你的良心哪里去了？"

种世衡命人把他抓起来，拷打讯问，带上镣铐，拘禁了几十天，施以各种极其残酷的刑罚，法崧却始终没有怨言，说："我法崧是一个大丈夫，做事磊磊落落。您听信了奸人之言，如果想杀我，我宁愿一死。"

过了半年，种世衡看到法崧不会背叛自己，就亲自为他解去枷锁，让他沐浴更衣，将他请到自己的卧室之内，厚加抚慰，说："我知道你没有过错，只不过是想试探试探你。我想派你到西夏国去做间谍，可能会受到比现在更加严重的痛苦，你能为我始终保守秘密吗？"法崧掉下眼泪，心里很激动，答应了。世衡于是给野利王写了一封信，封在蜡丸里，用针线缝在法崧衣服的隐秘之处。又嘱咐他说："这封信不到接近死亡不能泄露，倘使要泄漏时，应该说：'辜负了将军的重托，不能完成将军的事情了。'"另外又拿出画龟一幅，枣一包，派他送给野利王。

野利王看见枣和龟，猜想一定有书信，就向法崧索取。法崧看看左右，回答说："没有。"野利王于是写信给元昊。元昊得信后，传令召法崧和野利王从数百里外到京城，盘问送来的信，法崧坚决表示没有信件，甚至把他鞭打到最痛苦的时候，也始终不说有信件。又过了几天，元昊私下里把他召进到宫中，仍旧派人问他，说："不赶快说出来，就处死你！"法崧仍不说。于是，审问的人命令把法崧拖出去斩首。法崧于是大声哭喊说："就这样白白地死了，可惜不能完成将军的事。我辜负了将军，我辜负了将军！"那人急忙把他追回来又问他，法崧于是脱下衣服，把信取出来交上去。过了一会儿，元昊叫法崧住到宾馆里去，并暗中派了一员心腹将领，冒充野利的使者，到种世衡那里去。种世衡怀疑是元昊的使者，所以没有马上见他。只派手下的官员每天到宾馆去慰劳问候。问到西夏都城兴州左右的情况，使者对答如流；而问到野利王所在之地的情况时,他却多不熟悉。此时宋军恰好俘虏了数名西夏国士兵,种世衡叫他们从孔隙中秘密地看这个使者,他们马上说出使者的姓名,果然是元昊派来的。于是,种世衡接见这位使者,送给他丰厚的礼物,把他送回去。种世衡猜想,只要使者回到那边,法崧就能回来。事情果然如他所料,法崧不但回来,还带回了野利王被处死的消息。

  种世衡除掉野利王之后,又想再设计除去天都王。于是,他在边境上为野利王设祭,把祭文写在木板上,叙述野利王与天都王两将相互配合,有意归顺大宋的事情,并哀悼他们功败垂成。他命人把祭文杂放在纸币中,西夏国的军队闻讯过来,就赶紧点火焚化而去。木板上的字不可能马上烧毁,对方得到后,就上交给元昊。这样,天都王也被元昊杀掉了。宋和西夏议和之后,法崧恢复姓名为王嵩,后官至诸司使。

第三十四计　苦肉计

【题解】

"苦肉计"原意为故意毁伤身体以骗取对方信任,从而进行反间的计谋。引申为所有通过使自己受到损害而麻痹敌人,借以取得敌人信任,以施行反间计或其他计谋的行为。一般来说,人都是趋利避害、趋乐避苦的,没有人愿意受到伤害。"苦肉计"恰恰是利用了这一常识,通过自我伤害或者损失的办法迷惑敌人,从而以小的代价和付出,换来大的胜利或收益。

人不自害,受害必真;假真真假,间以得行。童蒙之吉,顺以巽也①。

按:间者,使敌人相疑也;反间者,因敌人之疑,而实其疑也;苦肉计者,盖假作自间以间人也。凡遣与己有隙者以诱敌人②,约为响应,或约为共力者,皆苦肉计之类也。

【注释】

①童蒙之吉,顺以巽也:出自《易·蒙》的象辞。意思是说,懵懂的儿童之所以会受到人们的喜爱,是因为可以顺着他们的特

点逗他们的缘故。　②有隙：有嫌隙，有怨恨。

【译文】

人们不会自己伤害自己，如果受到伤害就一定是真的；如果假作真的受到了伤害，就必然会让人相信，反间计因此也就成功了。这和顺着儿童的想法戏弄他们是一样的道理。

按语：使用间谍离间敌人，就是使敌人自相猜疑；使用反间计，就是利用敌人的疑惑增加其内部的相互猜疑；而使用苦肉计，则是假装自己内部有矛盾，以获取敌人的信任，从而离间敌人。凡是派与自己有矛盾的人引诱、迷惑敌人，约定作为内应，或者约定通力合作的，都属于苦肉计一类。

【战例】

日本人窃取德国啤酒技术

在世界啤酒市场上，德国是传统的啤酒生产大国，它生产的啤酒以独特的口味、丰富的营养，备受世人推崇。

一天，德国某著名啤酒厂的总经理驾车外出，突然，路上窜出一个行人打算从车前横过。由于事出突然，汽车躲闪不及，把行人撞到，并从一条腿上压了过去。按照当时的法律，汽车肇事要受很重的惩罚。总经理非常紧张，连忙下车察看伤情。受伤者是一位日本难民，他不但没有刁难，反而说是自己不小心，不会过多地追究。啤酒厂的总经理深受感动，急忙把他送进医院，精心治疗。

由于救助及时，日本人的伤很快好了，但落下了残疾。他对总经理提出了一个要求，说自己本来生活困难，无家可归，现在成了残疾，连谋生的路都没有了。他希望总经理能够给他一份力所能及的差使，让自己能够糊口。对于这样的要求，总经理当然无法拒绝，于是把他安排在自己的工厂里。

日本人在啤酒厂干了几年之后，忽然不辞而别；又过了几年，德国的啤酒厂家了解到日本也能够生产出和德国一样优质的啤酒，在世界市场上与德国啤酒形成了有力的竞争。原来，当初那位被汽车压断了腿的日本人并不是一位普通的难民，他对德国啤酒厂的丰厚利润非常羡慕，也想建一家啤酒厂。但由于德国人对于啤酒的酿造工艺严格保密，为了窃取别人的技术机密，他不惜使出"苦肉计"，深入德国的啤酒工厂，并最终达到了自己的目标。

韩世忠自污保全

宋朝是经历五代之乱后建立起来的，因为此前发生多次武将拥兵叛乱或者夺权，所以从北宋开国起，就对武将充满了戒备。岳飞和韩世忠都是宋高宗时领有重兵的名将，所以也都成为宋高宗赵构的心头大患。南宋诸将中，以张俊为最贪，而当时颇受宋高宗重视。也许是受此启发。有一次，韩世忠因故被罢官，罢官之后，他就杜门谢客，绝口不再谈领兵打仗的事情。不仅如此。他还常常骑着驴，带着酒，领着一两个童仆，在西湖一带游乐，并曾经与人商议买新淦县的官田。高宗听说后，十分高兴，御笔亲书将新淦县的官田赏赐给他，并给他的村庄赐名为"旌忠"，说，"卿遇敌必克，打了胜仗也不侵扰百姓。听说想买新淦的田地为子孙打算，现在就把这块官田赏赐给您，以表彰您的忠心。所以就把这个田庄称作'旌忠'吧"。

韩世忠效法前人买田宅以自污，但岳飞却是绝对不肯自污的。岳飞虽也为将多年，但他从不贪财，不好色，不扰民，深得民心和军心。他被害死后抄家时，家里仅有现金一百余千，其他的如粮食、衣物、布帛等项合计起来，也不过仅值钱九千余串。带兵多年，家产只有这一点，其清廉可见一斑。诸将皆贪财，他偏不贪财，诸将都贪图享乐，他偏不贪图享乐，在高宗看来，他的志向肯定不小，这就难免引起高宗的疑忌了。而他又不知像韩世忠等人一样适当地掩饰自己的清白,因此被迫害也就不难理解了。

南宋初年,抗金将领都各以自己的姓作旗号,如张家军、岳家军之类。朝廷始终对此忐忑不安,疑惧他们专横欺上。韩世忠和岳飞同为当时的名将,但结局迥然不同。原因就在于岳飞过于正直,而韩世忠善于明哲保身。从整个民族和国家的长远看来,岳飞这样的人更被需要,也更值得敬重。但是,如果丝毫没有保全自己的意识,"出师未捷身先死",也是于事无益,不值得提倡的。

第三十五计　连环计

【题解】

关于连环计,前人有两种理解。元代杂剧中,有一部名为《连环计》的戏曲著作,说的是东汉末年,董卓专权,横行暴虐,司徒王允设计,先把美女貂蝉许嫁给吕布,后又献给董卓,以离间二人的关系,最后致使吕布杀死董卓。后人遂以"连环计"指一个接一个相互关联的计策。这个故事也可见于《三国演义》的第八、九回。另外一种理解是,东汉末年,曹操率大军南下,在赤壁与孙刘联军对峙,打算渡江击吴,无奈苦于长江风浪不息,北兵不惯乘舟作战。庞统向曹操献连环计,把船只用铁环连接起来,上铺木板以供行走。曹操中计,被火攻打败,逃回北方。事见《三国演义》第四十七至四十九回。这里所谓的"连环计",就是先设计使敌人自相掣肘,或者自己束缚自己,以增加战胜他们的把握。"三十六计"中的"连环计",一般是指后者。"连环计"的关键之处,就在于使敌人内部产生矛盾或相互制约,当受到攻击时,无法形成统一的力量或及时做出反应,从而减少我们进攻中所付出的代价。

　　将多兵众,不可以敌,使其自累,以杀其势①。在师中吉,承天宠也②。

按:庞统使曹操战舰勾连③,而后纵火焚之,使不得脱。则连环计者,其法在使敌自累,而后图之。盖一计累敌,一计攻敌,两计扣用,以摧强势也。如宋毕再遇尝引敌与战④,且前且却,至于数四。视日已晚,乃以香料煮黑豆,布地上。复前搏战,佯败走。敌乘胜追逐。其马已饥,闻豆香,就食,鞭之不前。遇率师反攻之,遂大胜。皆连环之计也。

【注释】

①杀:削弱,消减。　②在师中吉,承天宠也:出自《易·师》的象辞。　③庞统:字士元,襄阳人,刘备的谋士,在随同刘备取西川时阵亡。勾连:连接,钩挂。　④毕再遇:字德卿,兖州人,南宋名将。在与金国的对抗中,曾出奇制胜打败敌人。

【译文】

敌军如果兵将众多,就不能够与它力敌,应当想方设法使他们自相制约,以求削减他们的实力。这就是军队要想取得胜利,就要善于利用各种条件的道理。

按语:庞统设计让曹操将战舰相互联结起来,然后放火焚烧,使得曹军的战舰无法逃脱。所谓的连环计,其根本的方法就在于使敌人自相束缚,然后战胜他们。也就是说用一条计策束缚敌人,再用一条计策攻击敌人,两条计策紧密衔接而使用,用来打败实力强大的敌人。比如,南宋时,毕再遇曾经引诱敌人与自己交战,一会儿前进,一会儿退却,如此数次,一直到天色将晚。毕再遇看到天渐渐黑下来,就把用香料煮过的黑豆撒在地上。然后,他又一次领兵向前挑战，等到敌人出来后却假装败退。敌人不知是计，乘胜追击。这时候，双方断断续续地打了一天，敌人的战马已经非常饥饿了，它们闻到地上黑豆的香味，就不顾一切地吃起来，即使鞭子打在身上也不前进。毕再遇趁机指挥军队反攻，结果大获全胜。这就是使用连环计。

【战例】

张良利诱秦军

秦朝末年，全国各地反秦的义军蜂拥而起。刘邦率军向西进入武关，准备用两万人的兵力进击峣关。这时，张良建议说："秦朝的军队现在还很强大，不能够轻视它。我听说峣关的守将多是屠夫、商人的子弟，这些人比较容易用财物进行利诱和拉拢。我希望您现在暂且留在我们的营垒中，不要轻易出击，派人先行一步，筹备下五万人的粮食，并且每天都增加一些旗帜，作为疑兵迷惑敌人。同时，派遣口才出色的郦生携带丰厚的财物到峣关去收买秦军的将领。"刘邦听从了张良的建议，秦军将领在财物的诱惑下，果然打算与刘邦合兵，一起向西去攻打都城咸阳。刘邦打算利用这一机会，与秦的叛将一起拿下咸阳。张良又阻止了他，说："这仅仅是秦的将领想要背叛秦朝，恐怕他们的士兵不会顺从。如果士兵没有顺从，与他们合兵必将给我们带来危险。我们不如趁秦将们麻痹松懈之机出兵攻打他们。"刘邦于是亲自率领大军攻打峣关，秦军这时已经上下离心离德，难以组织统一的行动，被打得大败。

法军撤退被围歼

19世纪初，拿破仑率领的法国军队在欧洲大陆上驰骋纵横，所向披靡。1812年6月，拿破仑对俄国开战，大军直逼其首都莫斯科。法军势头正盛，俄国人主动撤出莫斯科，坚壁清野，并不时用小股军队对法军进行袭击。拿破仑虽然占领了莫斯科,但得到的只是一座空城,内无粮草,外无救兵,补给缺乏,无奈之下,于当年10月放弃了对莫斯科的占领。

法军撤退的过程中,俄军沿途四处堵截,拿破仑处处被动,不得不一次次改变撤退的路线。最初,拿破仑打算带领法军退往最近的一个补给兵站明斯克,但是中途得到消息,明斯克已经被俄军占领。拿破仑不得不改变计划,指挥军队向维尔那撤退。从莫斯科撤往维尔那,必须要经过第聂伯河右岸支流别列津河的沼泽河谷。别列津河上的唯一一座桥在鲍里所夫城,原来由法军所控制,因此这里就成为拿破仑的有一个计划进军的目标。但不幸的是,鲍里所夫城也被俄军占领了,并且毁掉了河上的大桥。法军到来之后,虽然又夺回了鲍里所夫城,但大规模的俄军就集结在河对岸,根本无法重新修建一座新的大桥。而此时,本来寒冷的天气突然变暖,大块的浮冰顺流而下,河水泛滥,用其他的方式过河也已经不可能。于是,拿破仑只得另选地点架桥渡河。

法军将建桥的地点选在了鲍里所夫城以北大约5英里的一个地方,这里俄军防守相对薄弱。然而,虽然法国军队在这里紧张地架桥施工,俄国人却毫无反应,没有任何形式的阻挠,这令法国军队迷惑不解。但急于撤退的法国人无暇顾及这些,仍然拼命突击,并仅仅用了三四天的时间就架起了两座高架桥。

大桥建好之后,法军蜂拥而上,队形全乱,拥挤不堪。为了抢时间,拿破仑下令将辎重中能扔的统统扔掉,马匹全部丢弃,车辆烧毁大半。但是,争相拥挤逃命的士兵并没有像平时一样重视这些命令,桥上依然混乱不堪,乱糟糟的车辆把桥面堵得几乎水泄不通。

就在法军陷入一片混乱之中不可开交的时候,俄国军队突然从北、东、南三个方向包抄过来,俯控着高架桥的山脊上也突然出现大批重炮,炮火猛烈地轰向混乱的人群。大批法军人马此刻正簇拥在狭窄的桥面上,再加上辎重和一些大型武器已经丢弃,根本无法组织起有效的还击,只能被动挨打。此役,法国军队损失25000多人。

原来,俄国人并不是不知道法军在此抢建桥梁,他们之所以没有进行阻止,就是因为他们经过分析后认为,一旦法军桥梁建成,急于逃命的法国士兵必然会发生混乱,无法组织战斗,俄国军队如果趁此时展开攻击,一定会大获全胜。因此,在法国人修桥的这几天里,俄国人调集、部署了大批兵力,并在山脊上架起了重炮。只等法军陷入混乱,丧失战斗力的时候,马上发起攻击。

第三十六计　走为上

【题解】

"三十六计,走为上"的说法至少在南北朝时期就已经有了。例如《南齐书·王敬则传》中说:"是时上疾已笃。敬则仓卒东起,朝廷震惧。东昏侯在东宫,议欲叛,使人上屋望,见征虏亭失火,谓敬则至,急装欲走。有告敬则者,敬则曰:'檀公三十六策,走是上计。汝父子唯应急走耳。'"另如宋代惠洪的《冷斋夜话》卷九中也说:"渊材曰:'三十六计,走为上计。'"所谓"走为上",就是在自己的力量明显不如敌人的时候,采取主动避让的方式,以保存实力,寻找合适的机会打败敌人。无法取胜则主动退却、转移的战例,在中国历史上比比皆是,不胜枚举。而不识时务,不知进退,则往往导致彻底的失败。

全师避敌①,左次无咎,未失常也②。

按:敌势全胜,我不能战,则必降、必和、必走。降则全败,和则半败,走则未败。未败者,胜之转机也。如宋毕再遇与金人对垒,一夕拔营去,留帜于营,豫缚生羊悬之③,置前二足于鼓上,羊不堪倒悬,则足击鼓有声。金人不觉,相持数日,始觉之,则已远矣。可谓善走者矣!

【注释】

①全师:使军队得以保全。 ②左次无咎,未失常也:出自《易·师》的象辞。杨万里《诚斋易传·师》中说:"'左次'乃退舍之谓也。……盖善师者不必战,以守为战,亦战也;善战者不必进,以退为进,亦进也。" ③豫:事先,预先。

【译文】

为了保全军队而避让强敌,这种以退为进的策略没有什么损害,因为它没有背离用兵的正常法则。

按语:在敌人的力量处于绝对优势,我方已经不能再与之抵抗时,可以采取的策略有三种:投降、求和和撤退。如果投降,就意味着我方完全失败了;如果求和,就意味着我方失败了一半;而如果撤退,则意味着我方并没有失败。既然没有失败,就有获得胜利的转机。比如,南宋时,毕再遇与金国人两军对垒,在一天夜里拔营撤退,但是仍然把旗帜留在军营中没有动,并事先把一些活羊吊起来,把它们的两只前蹄放在鼓上,羊由于受不了倒悬的痛苦而挣扎,蹄子就把鼓敲得"咚咚"响。因此,金国人没有发觉毕再遇的军队已经撤走了,相持了几天之后,才明白了真相,而毕再遇已经率领着军队走远了。毕再遇可以说是善于撤退的。

【战例】

洪秀全固守致败亡

1863年,太平军已经面临着非常危急的形势。除驻守在天京(江苏南京,洪秀全在此定都后改名"天京")城外的曾国荃的军队的直接威胁之外,李鸿章的淮军从上海而来,并于12月攻下苏州,直逼天京,其余各路清军也正在向天京汇集。清军已经形成了对天京的合围之势。这时，从苏州撤回天京的忠王李秀成建议建议洪秀全放弃天京，另外开辟根据地，以图东山再起。他分析说，天京城虽然城防坚固，但敌人已经将其重重包围，内无粮草，外无救兵，难以长期坚守。况且，留在城中的以文人、老者、妇女、食饭者、费粮饷者居多，如果不组织这些人转移，只能坐以待毙。因此他主张洪秀全放弃天京，"让城别走"，向北发展，站稳脚跟后再图控制东南。

鬼迷心窍的洪秀全听罢李秀成的建议之后，对其严加驳斥，说："我奉上帝圣旨、天兄耶稣圣旨下凡，作为天下万国的唯一真主，有什么害怕的？不用你来劝我，国家大事也用不着你来处理，你想走就走，想留下来就留下来，随你的便。我的铁桶江山，你不扶，自然有人扶。你说没有兵，我的天兵比水还多，曾国藩这种妖魔有什么可怕的？你怕死肯定就会死。"洪秀全不但没有听取李秀成的正确意见，反而认为他别有居心，剥夺了他的权力。

李秀成的正确意见被否定之后，天京城中弹尽粮绝，形势一天比一天糟。1864年夏，城中粮尽，洪秀全还是固执己见，不愿意"让城别走"，只好下令全城军民"俱食甜露"，说这种东西不但能填饱肚子，而且有长生不老之功效。所谓"甜露"，其实并不是什么仙丹美味，只不过是野草树叶而已。最终，上帝和天兄并没有能够保佑这位"天下万国的唯一真主"，1864年6月1日，洪秀全病死天京，7月19日，天京陷落，太平天国运动失败。

文种兔死狗烹

春秋末期，大夫范蠡曾为越王勾践立下了汗马功劳。在越国被吴国打败，勾践面临被俘的危险时，范蠡劝勾践向吴王夫差暂时忍辱投降；然后又陪着勾践一起到吴国做了两年人质，伺候吴王；勾践返回越国后，范蠡辛辛苦苦帮勾践治理国家，处理国家大事；待到时机成熟以后,他又替勾践策划兴兵攻吴,终于于公元前473年灭亡了吴国,报仇复国。

在灭了吴国后,作为功臣的范蠡,不但不求封赏,反而决定自行引退。当勾践在姑苏城吴王宫召开庆功大会时,范蠡却带着西施隐居起来了。为了避免杀身之祸,安乐而终,范蠡离开越王勾践时,还故意制造出自杀的假象。

当勾践派人去接收范蠡的军队时,范蠡把自己的外衣扔在太湖旁边,并在衣服里留下了一封写给勾践的信。信中说,我听别人说,君王忧愁的时候,做臣子的就应当为君王排忧解难;君王受到凌辱的时候,做臣子的就应当拼死维护君王的尊严。从前您在会稽受辱于吴王,我之所以没有去死,就是为了要留下这条命辅佐您报亡国之仇。今天大王灭了吴国,当上了霸主,大功已经告成,我的职责总算尽了。可是还有两个人,留着他们对大王您没有好处。一个是西施,她迷惑了夫差,使得他亡国丧身,如果留着她,可能会迷惑大王,因此,我把她除去了;另一个就是范蠡,他帮助大王灭了吴国,留着他,有可能扩大自己的势力,对您造成威胁,因此,我把他也除去了。

勾践看完信后,以为范蠡杀了西施之后也自杀了,虽然觉得有些惭愧,但总算除去了一块心病,还是感到很高兴。其实,范蠡并没有死,他带着西施和一些金银财宝,改名更姓,跑到齐国去做起了生意,并成为一个富可敌国的大富翁。后来,他又搬到当时人口众多、交通便利、买卖发达的定陶,称为朱公,即后来被尊为商人鼻祖的陶朱公。

范蠡离开越王勾践不久,曾托人带了一封信给他的好友文种,劝文种也舍去功名富贵,以免招灾惹祸。信上说:"你还记得吴王夫差说过的话吧,'飞鸟都射完了,就可以把好弓箭收藏起来了;打完野兽以后,猎犬会被主人一块宰了来吃;敌对的国家消灭的日子,也就是谋臣和良将的死期'。越王这个人能够容忍敌人的欺凌,但却不能容忍有功的大臣;能够让我们同他共患难,但却不能让我们同他享安乐。你现在不趁早走,恐怕将来想走也来不及了。"

文种觉得自己劳苦功高,勾践不可能忍心抛弃他,就没有听从范蠡的劝告。事情果然不出范蠡所料,勾践在灭了吴国之后,对那些和他共患难的人都慢慢地疏远了,对于文种这样有才干、功劳大的人更是疑心重重。最后,他竟逼文种自杀了。文种临死前才痛悔自己没有听范蠡的话,落下了"兔死狗烹"的结局。

图书在版编目（CIP）数据

三十六计 / 赵清文译注. -- 北京：华夏出版社有限公司，2021.1
（华夏国学经典全本全注全译丛书）
ISBN 978-7-5222-0028-6

Ⅰ. ①三… Ⅱ. ①赵… Ⅲ. ①兵法－中国－古代②《三十六计》－译文③《三十六计》－注释 Ⅳ. ①E892.2

中国版本图书馆CIP数据核字（2020）第210955号

三十六计

译 注 者	赵清文
责任编辑	曾　华
出版发行	华夏出版社有限公司
经　　销	新华书店
印　　刷	三河市少明印务有限公司
装　　订	三河市少明印务有限公司
版　　次	2021年1月北京第1版 2021年1月北京第1次印刷
开　　本	880mm×1230mm　1/32
印　　张	6.25
字　　数	151千字
定　　价	20.00元

华夏出版社有限公司　地址：北京市东直门外香河园北里4号　邮编：100028
　　　　　　　　　　　网址：www.hxph.com.cn　　电话：（010）64618981
若发现本版图书有印装质量问题，请与我社营销中心联系调换。